도덕의 두 얼굴

WIE VIEL MORAL VERTRÄGT DER MENSCH?

인간과시각

02

도덕의 두 얼굴

프란츠 M. 부티케츠 지음

김성돈 옮김

사람의무늬

일러두기

1. 이 책은 프란츠 M. 부케티츠의 *WIE VIEL MORAL VERTRÄGT DER MENSCH?*
(© 2010, GÜTERSLOHER VERLAGSHAUS) 전문을 우리말로 옮긴 것이다.
2. 저자가 인용하거나 참조한 문헌(책·논문 등)들은 이 책 말미의 참고문헌에 그
서지사항이 정리되어 있다. 그 중에서 저자가 내용과 문장을 직접 인용한 경우는
본문 중간에 원저작자와 출간연도, 쪽수가 괄호로 묶여 표기되어 있다.

인간은 얼마나 많은 도덕을 감당할 수 있는가?

세상은 자세하게 관찰하면 관찰할수록 그 안에는

그만큼 더 많은 모순과 무논리가 있음을 알게 된다.

프란시스 M. 볼테르

모든 권력의 배후와 마찬가지로 우리는 모든 편집광의 이면에

다음과 같은 경향성이 깊숙이 자리 잡고 있다고 추측한다.

타인을 죽이고 자기가 유일한 존재가 되고 싶은 소망.

또는 좀 더 부드럽고 일반화된 방식으로 타인을 이용함으로써

자신이 유일한 존재가 되고 싶은 소망.

엘리아스 카네티

머리말

오늘날 도처에서 가치가 타락했다는 탄식이 들린다. 이러한 탄식엔 그 근거가 없지 않고, 실제로 도덕이 의미를 잃어가고 있는 모습이 눈앞에 드러나기도 한다. 경제위기를 거치면서 여러 경제 수장들의 양심 없음과 탐욕이 백일하에 드러났으며, 스포츠계에서는 도핑 관련 스캔들이 마녀사냥처럼 벌어졌고, 고상하다고 하는 학계에서조차도 억제되지 않은 명예욕에 이끌려 비록 돈은 아닐지라도 불순한 수단으로 온갖 명성과 명예를 얻으려는 이들이 적지 않다. 도덕의 수호자라 불리는 가톨릭교회도 최근 성추문 때문에 그 존귀함을 적잖게 잃어가고 있다. 가족적 일상이나 사회생활에서도 도덕은 점차 뒷전으로 밀려나고, 속이는 일은 예외가 아닌 원칙이 되고 있는 것처럼 보인다.

하지만 유념하시라. 어떤 시대에서도 도덕이 실종되었다고 진단되지 않았던 시대가 없었고, 도덕 없음을 탓하는 경고의 집게손가락은 고대부터 줄곧 치켜져왔음을. 우리가 아무리 그

8

렇게 믿고 싶다한들 작금의 상황은 전혀 새롭지 않음을. 그리
고 사람들은 언제나 자기 시대를 과거와는 다르게 생각하고
싶어 하는 것임을.

　그렇다면 혹시 우리가 지나치게 많은 도덕적 요구를 하고 있
는 것은 아닐까? 어쩌면 우리는 우리가 만들어 놓은 도덕체계
보다도 훨씬 적은 도덕만으로도 충분한 것은 아닐까?

　근대 진화론의 관점은 인간의 도덕적 능력을 환상에서 벗겨
내어 이성적인 관찰을 시도한다. 그 결과 우리 인간을 여타의
모든 생물과 다름없는 다음과 같은 존재로 본다.

　　× 이기적이다.

　　× 일차적으로 생존의 문제(번식의 성공)를 해결해야 한다.

　　× 생존을 위해 자원을 필요로 한다.

　　× 자원 확보를 둘러싸고 경쟁을 한다.

인간은 본성상 선한 존재도 아니고 악한 존재도 아니다. 자신의 생물학적 명령이 요구하고 있는 바에 따르는 존재일 뿐이다. 이러한 존재에게 "도덕"이 대체 무엇이란 말인가?

물론 사회적 생물로서 인간은 동족에 서로 의존하고 있다. 더욱이 인간은 자신의 태도나 행동을 비판적으로 성찰할 수 있는 정신적 능력을 가지고 있다. 때문에 인간은 "선"과 "악"을 분별하게 되었으며, 그래서 인간의 모든 사회와 문화에 도덕적 관념(가치 및 규범)이 존재하게 되었다는 사실은 우연이 아니다. 여기서 협력과 상호부조의 방식이—마치 도덕적인 최소 요구조건과 같이 — 실제로 보편적으로 확립되었다. 물론 인간은 본성상 **소규모 집단을 이루고 있는 존재***Kleingruppenwesen*이지, 익명의 대중사회에서 살아가기 위해 진화한 게 아니다. 말하자면 인간은 친족편애의 성향을 가진 (생래적) 연고주의자이다. 여기서 우리는 다음과 같은 근본적인 문제에 봉착하게 된다. "소규모 집단의 도덕"을 확장하는 것이 가능한 일인가, 만약 그것이 가능해서 친족편애만 확대된다면 소규모 집단의 도덕의 확장을 바람직한 일이라고 할 수 있을까?

이 책에서 나는—도입부에서 "도덕"이란 무엇인가를 간략하게 설명한 후—먼저 도덕적 행태의 기원과 목적에 관한 물음을 자세하게 다루면서 생물학적 진화를 사회적 혹은 사회문화적 진화와 결부시킨다. 그리고 나서 '인간은 얼마나 많은 도덕을 견딜 수 있는가'라는 핵심 질문을 제기하게 만드는, 대중 사회에서의 도덕에 관한 문제를 논고한다. 이 문제를 다루는 장에서는 특히 경제 분야와 학문 영역에서 발견되는 구체적인 ("실제적인") 사례들을 제시한다. 이 책의 기본테제는 우리의 도덕적 능력에는 한계가 있다는 것이고, 모든 이상주의적인 가치체계와 규범체계는 실패하게 될 것이라는 판단을 받아들일 수밖에 없다는 점이다.

그럼에도 불구하고―마지막 장에서 설명하게 될 것이지만―우리가 만약 사회의 도덕적 요구에 개인을 맞출 것이 아니라 우리 사회를 개인의 요구에 맞추어 간다면, "선"은 여전히 기회가 있다. 우리는 인류 진화와 함께 터득해 온 협력과 상호부조의 성향을 촉진시켜야 한다. 우리 인간은 천사도 아니고 타고난 살인마도 아니다. 우리 안에 있는 "선"이 "악"에 맞서 승리하려면, 우리 삶을 규정짓는 현재의 사회적 조건들을 변화시켜야 한다. 이 책은 이와 관련된 몇 가지 제안을 하면서 동시에 '도덕의 독재'에 대한 경고의 말도 잊지 않고 덧붙인다.

이 책은 독자층을 특별히 한정하고 있지 않으면서 실용서로서 필요한 정보를 제공하는 데 그치지 않고, 심지어 도발적인 역할도 기대하고 있다. 기본적으로 무거운 주제를 다루고 있지만, 가능한 한 재미있게 쓰려고 애썼다. 다만 특별한 몇 가지 전문용어는 불가피하여 사용하지 않을 수 없었다. 전문용어들과 관련해서는 부록에 있는 용어집이 도움이 될 것이나, 거기에는 내가 그것을 어떻게 사용하는지에 대해 명백하게 밝혀 두지 않은 개념들도 포함되어 있음을 밝혀 둔다. 마지막으로 한 가지 덧붙일 사실은 이 책은 도덕에 관해 말하고 있지만, (철학의) 분과인 윤리학에서의 다양한 흐름이나 입장은 다루고 있지 않다는 점이다. 그와 관련된 문헌들은 수없이 많지만, 그 가운데 일부만을 골라 참고문헌 목록에 올려 두었다.

프란츠 M. 부케티츠,

빈, 2010년 4월

목차

프롤로그

가치의 붕괴인가 가치의 전도인가?

오, 가치들이여!

하무트 폰 헨티히

지금도 여전히 동조하는 자뿐만 아니라 거부하는 자도 많은 "선동적" 철학자 니체Fridrich Nietzsche(1844~1900)의 말을 생각해 보자. 그는 『도덕의 계보에 관하여』라는 자신의 책 서문에서 다음과 같이 말하고 있다.

우리는 도덕적 가치들에 대해 비판할 필요가 있고, 이러한 가치들의 가치, 그 자체에 대해 의문을 제기해야 한다. 그리고 이를 위해서는 가치들이 생성되어 나오고 발전되고 소멸하여 간 조건들과 상황들에 대해 알고 있을 필요가 있다(도덕은 결과, 징후, 가면, [⋯] 질병, 오해로 나타나기도 했지만, 원인, 치유제, 자극, 억압, 독으로서 나타나기도 했다). 그러한 가치들의 조건들과 상황들에 대해서는 여태까지 알지 못했고, 알고 싶어 하는 자도 없었다. 우리는 이러한 "가치들"의 가치를 주어진 것으로, 실재하는 것으로 (…) 인정하고 있었다. 지금껏 우리는 그에 대해 하등의 의심도 품지 않았고 동요하지도 않았으며, 인간의 관점에서(인간의 미래를 고려하여) 신장되어야 할 유용한, 그리고 번창할 것이라는 의미에서 "악"보다 "선"에 대해 더 높은 가치를 부여하여야 했다. 하지만 그 반대가 진실이라면 어떻게 될까? 위험, 유혹, 독 그리고 미래를 포기하고 현재를 살게 하는 마취제와 같은 퇴보의 징후 또한 "선"에 있는 것이라면 어떻게 될까?(Nietzsche, 1983, 285쪽 참조)

도덕의 기원에 대해, 그리고 가치들을 발생시킨 조건들에 대해 그동안 많은 이들이 일갈한 바 있다. 때문에 오늘날 니체가 이에 대해서 걱정할 필요는 없어 보인다. 도덕이 '독'이기도 한 측면을 가지고 있고, 커다란 위험을 그 자체에 내포하고 있다는 주장에 대해서는 많은 사람들이 여전히 터무니없는 것으로 여기고 있는 것 같다. 하지만 인내를 가지고 기다리시라. 그 점에 관해서뿐만 아니라 도덕의 기원에 관해 이 책에서 상세하게 다루게 될 때까지.

소크라테스의 죽음
그의 최후가 도덕의 개념을 성립시켰다.
(다비드 作, 캔버스에 유채, 1787, 메트로폴리탄미술관 소장)

하지만 바로 그 도덕이란 무엇인가? 오늘날『윤리학 사전 *Lexikon der Ethik*』은 도덕Moral과 풍속Sitte에 대해 "인간의 현존방식을 구성하는(결코 섹슈얼리티의 문제에 국한되지 않은), 특히 타인은 물론이고 자연 그리고 자기 자신의 행태에 대한 기준이 되는 규범적인 근본 프레임"(Höffe, 1997, 204쪽)이라고 정의한다.

도덕과 풍속은 우리에게 우리가 마땅히 해야 할 바를 명한다. 고대 이래 무수한 철학자들이 우리의 "당위", 즉 도덕적으로 옳은 행위를 어떻게 근거지울 수 있을 것인지에 대해 골머리를 앓아 왔다. 소크라테스의 말에 따르면, 당위는 다름이 아니라 **인간이 어떻게 살아야 할 것인가**의 문제이기 때문이다. 소크라테스는 서구에서 최초의 도덕 철학자였고, 비극성과 이중성을 상징하는 그의 최후를 통하여 도덕철학 또는 윤리학의 시작을 열었다. 그는 국가의 신들을 믿지 않고 청년들을 타락시킨다는 이유로 기소되어 독배를 마시라는 선고를 받았다. 그는 실정 법률을 존중하여 사형집행을 피하기 위해 도주하려고 하지 않았다(!). 자신이 스스로 확신하지도 않는 법률 때문에 자신의 목숨을 기꺼이 희생시키는 일은 얼마나 어리석은가? 하지만 소크라테스는 그렇게 생각하지만은 않았다.

이 점은 내가 이 주제에 관한 이전의 저서들^{참고문헌 참조}에서 이미 내린 바 있는 도덕에 관한 정의를 생각나게 한다. 그 정의에 따르면 도덕이란 사회Gesellschaft나 결사Sozietät의 유지나 안정화에 기여하는 모든 규칙들(규범들, 가치표상들)의 총체이다. 여기서 말하는 결사에는 가족이나 가족단체, 종교공동체, 비둘기사육사 연맹, 국가적으로 조직된 단체, 범죄조직 등 다양한 형태가 속한다. 그렇다. 범죄조직도 외부에서 보면 비도덕적인 활동을 전개하고 있다는 점과 무관하게 일정한 규범에 의해 결속된다.

따라서 내가 인용한 도덕에 관한 그 정의는 순수하게 기능적인 것이며, 구체적인 규범들이나 가치관념들이 일반적으로 수용되고 있는지, 만약 그렇다면 어느 정도로 인정되고 있는지에 관해서는 아무것도 말해주고 있지 않다. 이미 순수하게 기능적인 정의는 모든 사회에—어떤 형식의 사회이든지—그 사회 고유의 도덕이 존재한다는 단순한 경험적 사실에 기초하고 있다. (도덕적) 규칙 없이는 어떤 결사도 존재할 수 없는 것 같다. 하지만 도덕 없는 사회가 없듯이 모든 사회에 구속력을 가진 보편타당한 도덕도 존재하지 않는다. **요컨대 절대적 가치란 없다.**

나의 이 말은 많은 강연과 토론에서 사람들을 당황하게 만들기도 하고 머리를 가로젓게 하거나 심지어 분노를 촉발시키기도 했다. "그래요, 그렇다면 내가 도대체 무엇에 의지해야 합니까?"라는 반문을 자주 받았다. 이러한 물음은 말하자면 보다 높은 원천을 가진 불변의 규범들과 가치들이 존재한다는 확신을 가지고 있는 자들만이 할 수 있다. 하지만 규범들과 가치들은 모두 제각기 역사를 가지고 있고 역동적인 변화의 과정을 거친 것이라는 점을 간과해서는 안 된다. 예컨대 19세기 영국에서는 교양인들조차도 노예제를 두루 옹호하였고 도덕에 어긋나는 것으로 여기지 않았던 반면, 오늘날에는 영국인 가운데 인간의 노예화를 도덕적으로 옳은 것이라고 여기는 자는 아무도 없다.

나는 여기서 한걸음 더 나아가 한 개인의 삶의 역정에서도 도덕관념은—경우에 따라 매우 강력하게—변화될 수 있다고 생각한다. 일정한 나이에 이르러서도 언제나 예외 없이 주어진 도덕 규칙을 따르고 있다고 스스로 주장하는 자를, 나는 개인적으로 믿지 않는다. 그러한 자는 필경 속담처럼—문자 그대로는 아니지만—지하실에 시체를 두고 있으면서도 그로부터 벗어나려고 하는 자이다.

여기서 자신을 놀리고 있다고 생각하는 독자들에게 나는 내가 매우 진지하게 말하고 있음을 강조하고 싶다. 철학자 카니샤이더Bernulf Kanitscheider는 자신의 저서인 『물질과 그 그림자 Die Materie und ihre Schatten』의 자서전적 도입부에서 제2차 세계대전이 끝나갈 무렵과 전후 기아가 만연했던 시기에 생필품을 얻기 위해 동원해야만 했던 "모든 도덕원리를 초월하는 조직적 전략"을 회상하고 있다. 당시를 살아가던—그리고 살아남았던—자라면 누구라도 입에 풀칠하는 것을 도덕에 비해 우위에 두는 것에 대해 진지하게 의심을 품지 않았을 것이다.

인간에게 도덕관념은—모든 사회는 어떤 종류의 것이든 가치들과 규범들을 가지고 있음은—보편적이지만, 예외 없이 모두가 항상 그 도덕관념을 유지하고 있는 사회는 존재할 수 없을 것이다. 달리 말하면, 어느 사회에서나 꼭 필요한 행위는 아닐지라도 마땅히 해야만 하는 행위를 하지 않는 "일탈자"들이 있기 마련인 것이다. 이렇게 보면 인간은 자신의 많은 도덕 원칙들을 가지고 기준을 너무 높여 스스로 과부하를 받고 있는 것은 아니냐고 묻지 않을 수 없다. 각각의 가치관념들과 규범들을 위반하는 모든 사람이 자동적으로 범죄자가 되는 것은 아니다. 반대로 스스로 도덕의 수호자라 칭하는 자들이 실제로는 범죄자인 경우도 많다. 이 점에 관해서는 후술하기로 한다.

어쨌든 오늘날 종종 토로되고 있는 가치의 타락이라는 불평은 상대화되어야 한다. 아마도 다른 가치들에 의해 대체되는 그러한 가치들에 대해서는 가치의 상실이라는 표현이 더 나을 것 같다. 뿐만 아니라—우리 문화에서 예를 들면—지금까지 가치 있는 것으로 여겨져 온 모든 것들이 우리의 동의까지 얻어야 한다는 것을 말하는 것은 아니다. 예컨대 우리가 무기를 들고 국토를 지키고, 경우에 따라 방아쇠를 당기지 않으면 안 되는 상황과 결부되어 있는 "조국에 대한 충성"이라는 가치를 생각해 보면, 그러한 것들을 포기할 수도 있다.

다른 한편으로는 오늘날 모든 분야, 특히 정치에서 다시금 "가치들"이 선전되고 있음을 간과해서도 안 된다. 하지만 대부분의 경우 우리는 어떤 가치를 장려해야 할지에 대해 언급하지 않고, 일반 공중에게 일임하고 있다. 유럽연합을 종종 가치 공동체라고들 말하지만, 정치경제적으로 짜 맞추어 놓은 유럽연합이라는 공간에 살고 있는 5억 인구를 어떤 가치가 서로 결속시키고 있는지(혹은 결속시켜야 하는지) 어느 누구도 논리정연하게 설명할 수 없었다. 가치 개념의 잦은 사용이 인플레이션을 일으켜 오늘날 가치 개념은 모든 가능한 것을 그 속에 채워 넣을 수 있게 된 단순한 단어의 껍데기로 영락하게 되었다.

하지만 부인할 수 없는 점은 인간이 일반적으로 선한 삶을 추구하고 있다는 점이다. 잘 먹고 잘 마시며, 안정된 주거, 편안한 일터와 여가시간을 가지고, 친구들과 교제하는 시간을 가지며, 그 외의 시간에는 휴식이 허락되는 것을 원한다. 물론 다수는 그러한 것들을 충분히 얻을 수 없고, 각자가 얻은 것들에 대해 만족할 수도 없다. 하지만 이 문제는 또 다른 주제이다(이에 관해서는 후술한다).

만약 어떻게 살아야 할지에 대해 우리에게 지시를 내리려 하고, 자칭 보다 높은 원천을 보유한 가치들을 가지고 "바른" 삶에 관한 자신들의 생각을 꾸며대는 사람들이 없다면, 우리들 중 이곳 유럽의 심장부(예컨대 수단이나 아프가니스탄이 아닌 곳)에서 살 수 있는 행운을 가지고 있는 자들의 입장에서 볼 때 많은 의문들이 해소될 것이다. 하지만 우리가 만약 철학자 빈델반트Wilhelm Windelband(1848~1915)가 자신의 『논문과 대화 *Aufsaetz und Rede*』에서 말하고 있듯이 "영원한 것"이 "가치의식의 형태로 모습을 보일" 것이라고 믿는다면, 원하는 바가 아닐지라도 "가치들의 평가절하"를 밀어붙이게 된다.

그러면 여기서 "영원한 것"이란 무엇을 말하는가? 어떤 가치들이 의식될 것이라는 말인가? 만약 그렇게 된다면, 니체가 말했듯이 최상의 가치들이 가치들이라는 이유만으로 저절로 평가절하 된다. 그리고 오스트리아의 어떤 정치가의 입에서 나온 "가치들 없이는 우리는 무가치하다."는 말이 아무런 내용을 매개해 주지 않는, 명백히 말 그대로의 언어유희적 성격을 가지고 있음을 부인할 수 없다. 뿐만 아니라 정치인의 가치들에 의해 고취되지 않은 경우에도 인간은 스스로 가치 있는 존재라 느낄 수 있다. 모든 인간이 어떤 점에서든 가치 있는 존재이듯, 인간은 자신의 삶, 자신의 가족, 자신의 개, 자신의 우표수집, 자신의 정원 등 그 무엇이라도 자신의 것은 모두 가치가 있는 것이라고 추측할 수 있다. 무엇 때문에 인간이 위로부터 명령된 도덕을 필요로 한단 말인가?!

도덕은 너무 많이 써먹어 버린, 그야말로 오래전부터 과도하게 써먹어 버린 개념이다. 그래서 도덕에 관해 내가 내린 정의에 따를 때, 도덕은 여러 면에서 **이중도덕**일 뿐 아니라, 심지어 위험하기까지 한 도덕이다. 이렇게 드러나는 도덕관념을 유일하게 올바른 도덕관념이라 말하는 자들에게 과연 어떤 사실을 기반으로 삼고 있는지 밝힐 것을 요구해야 할 것이다.

하지만 이러한 요구는 딜레마에 부딪친다. 일정한 가치의 옹호자들은 "다른" 가치들을 짓밟기 때문이다. 그들은 자기네의 독자적인 가치들을 관철하려고 함으로써 타인들의 가치를 침해한다. 따라서 **자기네들의** 가치가 보다 높은 심급에 의해 근거 지워진다거나 최상위의 권위에 기반을 둘 수 있다고 하는 것은 그들에게 매우 자연스러운 일일 것이다. 하지만 가치는 위로부터 오지 않고 아래로부터 온다. 이것이 의미하는 바가 무엇인지 지금부터 밝혀보려고 한다.

제1장

도덕, 어디에서 왔나?

기꺼이 나는 친구들을 돌보지만

유감스럽게도 그건 내 성향 때문이지.

나를 화나게 만드는 건

내가 본성상 덕스럽지 못하다는 것.

프리드리히 실러

도덕은 하늘에서 떨어진 것이 아니다. 과거와 현재의 모든 도덕체계는 점진적으로 발전한 것이고, 그것도 그때그때의 구체적인 생활조건 아래서 인간의 표상(상상, 관념)과 필요에 맞추어 발전한 것이다. **도덕성**Moralitaet, 즉 도덕적 능력 그 자체는 보다 깊은 뿌리를 가지고 있고, 멀리는 우리 인류의 진화로까지 거슬러 올라간다. 이렇게 도덕적 능력을 자연사적으로 재구성하고 설명하는 방식을 거부하는 자는 오로지 도덕적 능력이 신에 의해 이식된 것으로 이해하는 자들뿐이다. 그 결과 이들은 위험천만한 도덕적 절대주의에 빠져들 수 있다. 이에 관해서는 후술한다.

오늘날 우리가 "도덕"이라고 부르면서 서로 다른 내용(일정한 가치들과 규범들)을 채워 넣고 있는 것은 어느 누구도 "선"과 "악"에 대해 깊이 생각하지 않았던 어두운 태고시절에 유효했던 행태 메커니즘을 연장시키고 있거나, 그 메커니즘을 보다 정교하게 만들고 있는 것에 다름 아니다. 그렇다. 동물계에서 우리와 가장 가까운 유인원인 침팬지를 관찰해 보면, 도덕성이 인간 고유의 특성이 아니며, 침팬지에게도 일정하고 원초적인 모습의 도덕성이 있었던 사실을 분명히 알 수 있다. 이에 관해서는 네덜란드인으로서 미국에서 영향력을 가지고 있는 영장류 연구자 드 발Frans de Waal의 저서 『털 없는 원숭이*Der gute Affe*』를 참조할 만하다.

그 자체로 다양한 면면을 가지고 있을 뿐 아니라 모순 덩어리이기도 한 인간의 도덕은 과연 어디에서 비롯된 것인가? 행태**규범들**이—도입부에서 이미 지적된바 —유전자의 생존, 즉 성공적인 번식 및 그 전제조건으로서 자원의 확보가 관건이 되는 진화의 과정에서 발전하였고, 그 규범들이 여전히 비판적인 성찰의 대상이 되고 있다는 점을 어떻게 이해해야 할까? 이 장에서는 이에 대한 답을 제시하려고 한다. 이 과정에서 간략하고 이해하기 쉽게 설명하기 위해 어느 정도의 단순화는 불가피하겠지만, 나는 중요한 학문적 결론과 이론들을 빠뜨리지 않으려는 노력을 다할 것이다.

도덕의 기원: "자연투쟁설"?

1859년 발간된 『종의 기원』이라는 선구적인 저작의 마지막 장에서 찰스 다윈Charles Darwin(1809~1882)은 다음과 같이 적고 있다. "우리가 생각할 수 있는 최상의 것, 즉 점점 더 고차원적이 되고 완전해지는 존재는 기아와 죽음으로부터 직접적으로 만들어진다."(Darwin, 1967, 678쪽). 진화의 과정에서 "보다 고차원의" 그리고 "보다 완전한" 종이 생겨나온다는 생각은 19세기에 각광을 받았던 **사회진화론*적 진보사상**에 그 기원을 두고 있지만, 이 사상은 오늘날의 진화생물학에서는 이미 낡은 이론이 되었다. 하지만 여기에서 중요한 것은 이것이 아니다(이에 관해서는 제3장에서 다시 다룬다). 주목할 내용은 다윈이 "자연의 투쟁"을 진화의 추동력으로 보았고, 인간의 등장까지도 자연투쟁의 결과로 만들었다는 점이다. 그리고 "종의 기원" 이후 12년이 지나서 발간된 『인간의 유래』에서 다윈은 드디어—자신의 독자적인 결론을 통해 — 스스로 인간을 특징짓

---

*다윈이 『종의 기원』을 발간하면서 생물학적 법칙으로 인정된 동물의 진화를 인간사회에 적용해 사회의 진화를 설명하려는 이론을 말하는 것으로, 허버트 스펜서가 다윈의 이론과는 별도로 전개한 사회이론이다. 그는 사회도 살아 있는 동물과 같이 하나의 유기체라고 일컬으면서, 적자생존과 자연선택에 의해 사회조직이나 규범도 진화해 나가는 것이라 주장했다. 부록의 주요 용어 풀이 참조(옮긴이).

는 심리적·정신적·사회적·도덕적(!) 능력을 자연선택에 의
한 진화의 산물로 보았다.

"생존을 위한 투쟁"이라는 은유는 종종 그리고 철저하게 오
해되었다. 우리는 경쟁struggle이라는 영어식 표현을 "투쟁Kampf"
으로 번역하지 말았어야 했다. 오히려 "Wettbewerb(경쟁)"이
더 정확하다. 다윈은 이 점을 식물을 가지고 분명하게 설명하
였다. 식물은 이빨, 뿔 그리고 발톱도 없을 뿐 아니라 한 자리
에 고정되어 있는 상태로 있기 때문에 상호간에 투쟁할 수 없
다. 하지만 서로 경쟁관계에는 있다. 두 그루 밤나무 가운데 하
나가 보다 긴 뿌리와 보다 강하게 발육된 잎을 가지고 있으면,
그것이 다른 밤나무로부터 수분과 빛을 취해가게 된다. 이 점
은 명백한 사실이다. 자연에서도 현실적 투쟁(예컨대, 구역을 둘
러싼 투쟁)이 일어날 수 있지만, 그것은 다윈이 말한 의미가 아
니다. 다윈이 말하는 경쟁은 모두가 생존을 원하지만 그러기에
는 자원이 부족한 사실로부터 필연적으로 작동하게 되는, 자
동적 경쟁을 염두에 둔 말이다. 뿐만 아니라 생존을 위한 경쟁
은 항상 동일한 종의 개체들 간의 경쟁을 말한다. 얼룩말의 경
쟁자는 때때로 같은 얼룩말을 죽여서 포식하는 사자가 아니라
다른 얼룩말이다. 이 점 역시 명료하다. 왜냐하면 동종끼리는 동
일한 삶의 조건을 필요로 하는 것이므로 공간, 자양물과 짝짓
기 상대방을 둘러싼 경쟁에서 지속적으로 장애물이 되는 것은

항상 동종이기 때문이다.

하지만 이 모든 것이 도덕과 관계가 있을 수 있다는 것이 간파되고 있지 못하다. 여기서 내가 서둘러 강조해두고 싶은 것은 자연은 사실상 도덕적으로 전적으로 중립적이어서 "선"과 "악"이 자연에는 존재하지 않는다는 점이다. 하지만 **가치판단을 하는 생명체**인 우리 인간에게는 동물의 행태에서 보이는 많은 것들이 '선'이나 '악'인 것처럼 나타난다. 하지만 이는 우리에게 투사된 것들Projektionen로서 우리 자신에 관해서는 몇 가지 말해주는 바가 있긴 하지만 우리를 둘러싼 자연에 관해서는 아무것도 말하지 않는다. 물론 다른 모든 종들과 마찬가지로 인간도 다른 인간과 경쟁관계에 있다는 점을 안다면, 이러한 경쟁이 인간의 **도덕적 능력**의 형성에 관여하였던 것은 아닌가 하는 의문이 제기될 수 있다. 왜냐하면 사자나 얼룩말과는 달리 우리 인간은 적어도 때로는 우리가 할 수 있는 모든 것을 해도 괜찮은 것인지 문제를 제기하기 때문이다.

그러나 자연에서 생존을 위한 경쟁은 모든 책략을 허용하여 동종에 대한 치명적인 손상의 야기도 용인한다. 물론 고전적 행태연구자들 가운데 대표자들은—특히 콘라드 로렌츠 Konrad Lorenz(1903~1989)는—개체의 행태는 같은 개체종의 안녕에 이바지한다는 점에 대해 여전히 확신을 가지고 있었지만, 그동안에 우리는 더 많은 것을 알게 되었다. 오늘날의 **사회**

학의 시각에서 보면, 진화의 과정에서 전면에 등장해 있는 것은 종의 유지가 아니라 개체의 유전자의 생존이다. 이는 그 개체의 유전자가 다음 세대에 성공적으로 계승되는 것을 의미한다. 때문에 때때로 사자가 자신의 후손이 아닌 새끼사자를 죽여 그 새끼의 어미를 자기 번식의 보조자로 취하는 것을 관찰할 수가 있는데, 이런 일은 결코 이례적인 것이 아니다. 오히려 사자에게는 가능한 한 직접적으로 자신의 후손을 생산하려는 효과적인 전략이라고 할 수 있다.

자연에서는 개체 자신의 생존에만 관심을 둔다는 사실을 염두에 둔다면, 앞서 말했듯 자연이 도덕을 알지 못하기 때문에 자연에서 도덕의 뿌리를 찾으려 애쓰는 일은 넌센스가 돼버릴지도 모른다. 도덕을 진화 및 자연선택과 느슨하게 결합시킨 자들은 도덕을 자연원칙의 환원으로 보아 결국은 부도덕만 촉진할 수 있을 뿐이므로 조야한 **생물학주의**라는 비난을 받았다. 그리고 도덕이 직접 자연에서 추론된 경우 도덕이 "강자의 권리"로, 파괴적인 결과를 초래한 이데올로기로 왜곡되었었다(책 말미의 용어 풀이 중 **사회다윈주의**를 참조할 것).

그럼에도 불구하고 도덕은 무로부터 나올 수 없기에 인간의 다른 행태속성과 유사하게 점진적으로 발전해온 것임은 분명하다. 인간의 도덕적 능력은 (의식화된) 도덕과 아무런 관계가 없는 행태방식에 근거를 두고, 오랜 기간 발전의 과정을 거쳐

마침내 도덕의 토대로 동반 성장한 것이라고 할 수 있다. 나는 이미 저술한 『왜 우리는 악에 이끌리는가』라는 책에서(그리고 다른 출간물에서도) 다음과 같은 점을 강조한 바 있다.

　× 인간의 사회적 행태(우리가 도덕적인 행태 또는 부도덕한 형태라고 부르는 것을 포함)는 인류의 진화과정에서 발전해 왔고 인간본성에 뿌리내리고 있으며, 따라서
　× 도덕체계는 그것이 비록 후발적으로 자가동력을 개발하였고 심지어 인간본성과 대립하는 방향으로 발전할 수도 있지만, "자연적으로 성장"한 것이다.

　이하에서는 위의 언명에 대해 좀 더 자세하게 설명하고 근거를 제시하고자 한다. 이를 위해 동물의 세계로 소풍가는 일부터 시작하는 것이 좋을 듯하다.

도덕의 추동력으로서의 군집성

　동물의 많은 종들은 무리지어 살고 있다. 그 개체들은 일시적이든 지속적이든 크고 작은 집단을 이루고 있다. 원숭이 떼, 늑대 떼, 발굽이 달린 동물의 무리, 새떼, 벌집속의 벌떼 등이

그러하다. 서로 다른 종의 개체로 이루어진 동물군집도 관찰된다. 산양(영양)과 얼룩말이 함께 군서群棲하거나 하이에나와 독수리가 동일한 먹잇감 근처에 있는 것이 그 예이다. 이러한 경우 물론 좁은 의미의 집단이 문제되는 것이 아니다. 예컨대 자양물에 접근할 수 있는 가능성이라는 외적 요소가 임시로 여러 동물들을 함께 모은 것이다. 하지만 이들에게는 뭔가를 서로 함께하려는 의도가 없다(독수리와 하이에나는 같은 음식 부스러기를 두고 경쟁관계에 있고, 서로 대립적으로 몰아내려고 한다). 훨씬 흥미로운―그리고 우리의 주제에 대해 의미 있는―것은 본래적인 의미에서 **군서하는** 동물인 늑대의 경우이다.

전형적인 늑대 떼는 열 마리에서 열세 마리로 이루어져 있고 일백 제곱미터에서 일천 제곱미터에 이르는 사냥구역을 가지고 있다. 수컷끼리 뿐만 아니라 암컷사이에도 위계질서가 있는데, 최상위의 수컷과 최상위의 암컷이 짝을 지어 후손을 생산한다. 늑대는 집단으로 사냥을 하고 덩치가 큰 동물을 먹잇감으로 삼는다. 덩치가 보다 작은 먹잇감이거나 비상시에는 더 상위의 어른늑대와 어린새끼에게 우선권이 있다. 늑대가 무리지어 사는 데에는 확실한 장점이 있다. 특히 사냥을 함께함으로써 일반적으로 보다 큰 먹잇감을 얻는 데 도움을 받는다. 예컨대 늑대 한 마리는 고라니를 쓰러뜨릴 수 없지만 여러 마리가 함께한다면 그것이 가능하다. 그러므로 "외로운 늑대"는 우리 어법에서 보더라도 멋있는 표현이라기보다는 오히려 불쌍한 모습의 표현이다.

비비 집단은 규모가 더 크다. 예순 마리에서 아흔 마리가 집단을 이루고 있어—이 가운데 보통 절반 이상은 어린 새끼들이다—명백한 사회구조를 형성하고 있음을 알 수 있게 한다. 가장 강한 수컷이 지배를 하고 그 외의 수컷사이에는 단계별로 위계질서가 있다. 한 무리가 배회할 때에는 상위의 수컷이 선두와 후위에 서고, 각 수컷은 **어린** 비비를 데리고 있는 암컷을 동반하고 있으며, 이들 각각에는 발정기에 있는 암컷이 뒤따르고 있다. 이 무리가 특히 표범과 같은 적의 공격을 받으면, 새끼를 데리고 있는 암컷들은 중앙으로 모이고 수컷은 이들을 둘러싸고 그 중에 최고 높은 지위에 있는 수컷이 적과 맞선다. 표범이 비비 한 마리를 날쌔게 붙잡을 경우도 있지만, 가장 높은 지위의 수컷 비비들은 통상적으로 가장 강한 비비이기도 하기 때문에 공격자를 퇴치하고 집단의 안전을 지켜 줄 개연성이 높다. 따라서 모여 사는 것이 비비에게는 커다란 장점이 되는 것이 분명하다. 한 마리의 비비만으로는 표범에 대적할 수 없지만 함께 맞서면 강해진다(이러한 현상을 지칭하는 말은 이미 오래전부터 우리의 언어표현에 들어와 있다). 때문에 비비가 함께 모여 사는 이유를 쉽게 파악할 수 있다. 즉, 각 개체는 집단 속에서 상대적으로 안전하지만, 혼자 힘으로는 "적의 압박"

에 맞설 수 없다.

이 두 가지 예는—수많은 다른 예들을 들 수 있겠지만—군 집성이 중요하다는 것을 보여주고 있다. 여기서 우리는 집단생활이 초래하는 단점(결국에는 자연에서도 모든 것이 그 대가를 치러야 한다)에 관해서는 언급하지 않기로 한다. 뿐만 아니라 수많은 종들(예컨대 호랑, 갈색곰, 고라니 등)의 개체가 단독자로 혼자 살지만, 짝짓기를 위해 일시 결합하거나 어미와 새끼간의 소집단을 이루고 있다는 사실도 염두에 두지 않기로 한다. 무엇 때문에 어떤 종의 경우는 집단을 이루어 살고, 다른 종들의 경우는 그렇지 않은지는 (생태학적인 이외의) 복합적 요인 때문이다. 어쨌든 많은 종들의 경우 집단을 이루는 것이 자연 선택에 의해 촉진되었고, 안정적인 진화의 전략으로 입증되고 있다. 여기서 흥미로운 점은 집단을 이루어 사는 동물들의 경우 매우 분명한 "원칙들"이 지배하고 있는데, 이러한 원칙들은 서열, 역할 분담, 먹잇감 분배, 공동 사냥, 복종의 동작 등에서 분명히 드러나고 있다. 요컨대 **집단규범**이 있는 것이다.

물론 이러한 집단규범은 도덕과는 아무런 관계가 없다. 비비는 물론이고 늑대 또는 그밖에 다른 군서 동물의 경우(여기서 예컨대 개미나 벌과 같이 아예 소위 국가를 이루고 있는 곤충의 경우에서 발견되는 엄격한 질서도 생각해 볼 수 있다), 그 각 개체는 자신이 무엇을 **마땅히 해야 할지**에 대해 의식적으로 묻지 않는다.

인간도 처음부터 이러한 물음 앞에 서지 않았다. 윤리는 인간의 진화의 역사에서 매우 늦은 발명품이다. 공동생활 내에서의 삶이 개인에게 무언가를 요구하고 있는 것만은 분명하고, 특히―곧 이어서 설명하게 되겠지만―다른 개인과의 협력을 요구한다. 하지만 그 대가로 개인은 집단속에서 단독자로 살아서는 누릴 수 없을 장점들을 향유한다. 이미 강조하였지만 자연은 도덕을 알지 못한다. 예컨대 늑대가 먹잇감을 분배할 경우에 도덕적 원칙을 준수한다고 말하는 것은 터무니없는 일일 것이다. 다만 아주 작은 먹잇감을 획득하였더라도 우두머리와 새끼들이 우선적으로 "배려"되고 있음은 다음과 같은 단순한 생물학적 명령이 작동하고 있기 때문이다. 즉, 우두머리와 상위 서열에 있는 다른 집단구성원(우두머리의 잠재적 "대리인")이 굶어죽게 되면 집단 전체가 붕괴될 것이고(해체된다고 말하는 편이 나을 것이고), 그로 인해 각각의 (문자 그대로) 외로운 늑대는 매우 궁색한 삶을 근근이 살아가야 할 것이며, 새끼들이 굶주려 죽게 되면 집단의 존속도 더 이상 보장될 수 없게 된다.

진화가 계속되고 있는 자연이 증명하고 있는 점은 자연에는 숙고, 반성적 성찰, 의도, 계획 그리고 어떠한 도덕도 필요하지 않다는 사실이다.

그럼에도 불구하고 우리는 집단을 이루어 살 필요가 있으며 특히 집단을 이루고 사는 동물들의 경우에서 발견되는 모든 행동—먹거리 분배 등—의 필요불가결한 전제조건으로서, 우리가 마침내는 **도덕적**인 것이라고 말하는 구체적인 행태양식을 필요로 한다. 인간이 스스로 사회적 생물이 아니었다면 도덕규범은 발전하지 않았을 것이다. 결국 규범들은 어떤 종류의 규범이라도 집단 내에서나 결사 안에서만 그 의미를 가진다. 무인도에 홀로 있었던 로빈슨 크루소의 경우처럼 어떤 규범이든 그것을 준수하는 일은 전적으로 무의미한 것이었다.

　어떤 공동생활의 방식이라도 일정한 갈등요소를 잠재적으로 내포하고 있지 않았더라면, 규범은 발전하지 않았을 것이다. 갈등은 두 사람 이상이 동일한 것을 원하거나 각자가 뭔가 다른 것을 원할 때 생길 수 있다. 뿐만 아니라 최적상태인 경우 규범은 갈등을 회피하기 위하거나 이 땅에서 갈등을 없애기 위해서도 존재한다(그러한 상태는 드물겠지만 그런 상태에서 규범이 무엇을 의미하는지에 대해서는 후술하기로 한다).

협력과 상호부조

　공동작업은 비비건, 늑대건, 그밖에 군집성을 가진 다른 동물의 경우 유익한 일이다. 더 정확하게 말하면, 공동작업은 전체적인 대차대조표로 볼 때 유익하다고 하는 것이 더 맞는 말일 것이다. 왜냐하면 개개의 동물에겐 다른 동물을 희생시켜 자기 이익을 얻으려고 하는 경우가 당연히 있을 수 있기 때문이다. 기만은 자연에서 일상적 현상이다. 한 개체가 집단 내의 다른 동료를 희생시키거나 적어도 속여서 이익을 얻는 경우는 어떤 동물 집단의 경우에도 예외가 없는 것 같다. 하지만 이것도 통상적으로 제한된다. 특히 집단 내의 어떤 구성원이든 기만당하지 않으려 하고 사기꾼들로부터 보호받으려고 노력하는 경우가 그러하다. 그렇지 않으면 중장기적으로 집단이 유지되는 것이 불가능하기 때문이다. 예컨대 비비 집단에서 모든 개체가 다른 개체를 속여 과도하게 이익을 챙기거나 위험에 직면하여 각 개체가 자기 자신만 보호받으려 한다면, 집단 그 자체는—그 어떠한 철저한 반성도 요구되지 않을 경우—금방 해체될 것이고 집단이 각 개체에게 제공하는 보호는 더 이상 보장되지 않을 것이다.

영국의 철학자 토마스 홉스Thomas Hobbes(1588~1679)는 인간은 원래 자기 자신의 욕구만을 따라 행동하는 존재였기 때문에 자연상태에서는 만인이 만인에 대해 투쟁관계에 있었다(*bellum ominium contra comnes*)고 했다. 인간이 자기욕구를 가지는 것이 옳지 않았던 것은 아니지만, 그 자기욕구는 오늘날까지도 여전히 인간행동의 동기가 되고 있다(물론 그 정도가 모두 동일하게 강한 것은 아닐 수 있다).

그러나 우리 선조들이 서로서로 머리를 깨부수는 생각을 하고 있었다고 하는 것과 다를 바 없는 그 전제가 얼마나 현실적지는 여전히 의문이다. 단순하게 생각하면, 홉스의 전제는 비현실적이라고 할 수 있다. 우리 인류 선조의 삶을 굳이 낭만적으로 미화하지 않더라도(그러한 미화가 적절하지 않을 것도 확실하리라!), 우리 선조들이 최소한의 협력적 행동에 대해 알고 있었다는 사실은 인정하지 않을 수 없다. 그렇지 않으면 그들은 우리의 선조가 되지도 않았거나, 오늘날 우리가 존재하지도 못했을 것이다. 인간은 본성상 사회적·군집적 생물이고, 이미 언급했듯이 집단 내의 삶은 일반적으로 일정한 규범에 구속되어 있다. 하지만 우리는 적어도 다른 일정한 동물의 경우처럼 집단 내의 개인들을 서로 결속하고 단순한 협력의 필요성을 넘어서는 상호**공감**Sympathie과 같은 그 무엇을 인정할 수 있다. 『인간의 유래』라는 책에서 다윈은 다음과 같이 말하고 있다.

우리 모두는 말, 개, 양 등이 그들의 무리들로부터 따로 떨어져 있을 때, 그들이 얼마나 불행한지, 그리고 그들이 적어도 다시 무리들과 재결합하였을 때 얼마나 기뻐하는지를 관찰한 적이 분명히 있었을 것이다. 몇 시간이고 방안에서 주인이나 그 가족들 곁에 가만히 있다가도, 잠시라도 혼자 내버려지게 되는 순간부터 짖고 울부짖는 개의 감정

크로포트킨

에 대해 깊고 곰곰이 생각해 보는 것은 흥미로운 일이 아
닐 수 없다(Darwin, 1966, 125쪽).

다윈은 군집생활의 의미를 매우 잘 알고 있었고, "생존을 위
한 투쟁"에 관한 한, 이 투쟁이 ―인간에게는― 점차 약화되어
야 한다고 말했다. 이 말이 어느 정도 타당한지에 대해서는 좀
더 생각해볼 일이다.

러시아의 지리학자이자 저술가이면서 무정부주의자인 크
로포트킨Peter Kropotkin(1842~1921)은 다윈의 열렬한 옹호자

의 한사람으로,『동물계와 인간계에서의 상호부조*Gegenseitige Hilfe in der Tier und Menschenwelt*』라는 주목할 만한 책에서 홉스에 대한 반대 테제를 개진하였다. 그는 상호부조를 "자연법칙이며 발전요소"로 보아야 한다고 말했다. 우리는 그의 견해에 찬동하지 않을 수 없다. 어떤 사회든 그 구성원들이 적어도 어느 정도까지는 서로 협력하여야 중장기적으로 유지될 수 있다. 여기에는 **상호부조**의 원칙 또는 **상호적 이타주의** 원칙이 전면에 등장하고 있다. 우리는 이 점을 "한손을 씻는 것은 다른 손이다." 또는 "네가 내게 하듯이 나도 네게 한다."는 것처럼 일상적인 언어 표현을 통해서 알고 있다. 여기서 얘기되는 게 사욕 없음을 의미하는 건 아니다. 오히려 궁지에 몰린 타인을 도와 자기가 위기에 처한 경우 거꾸로 도움과 원조를 기대할 수 있도록 하라는 의미이다.

호혜성과 상호성은 항상 직접적으로 일어나는 것이 아니고, 시간이 지난 후에야 일어난다. 호혜성과 상호성은 타인으로부터 적절하게 받은 급부에 대한 기억력을 전제로 하고, 따라서 인간에게 가장 잘 나타난다. 네덜란드 철학자 부스케스Chris Buskes는『다윈처럼 생각하라*Darwinisch denken*』는 책에서 다음과 같이 적고 있다. "상호적 이타주의는 어떤 이가 자신의 에너지와 주의력을 때때로 타인에게 제공하고, 그 대가로 언젠가는 '반대급부'를 기대하는 것을 의미한다."(Buskes, 2008, 235쪽)

우리는 이 점을 잘 알고 있다. 얼마 전부터 가끔씩 접촉을 취해 온 오랜 지인이 어느 날 갑자기 전화연락을 해와 부탁을 하는 경우가 있다. 그가 얼마 전 내게 한 번 매우 큰 도움을 주었다는 것을 기억하면 당혹감은 이내 사라진다. 그에 대한 도움을 거부하는 것은 매우 인색한 일이 될 것이다(하물며 그도 스스로 기억까지 하고 있으면 더욱 그러할 것이다). 물론 그가 무엇을 원하는지가 중요하지 않은 것은 아니다. 모든 부탁을 모두 쉽게 들어 줄 수 있는 것은 아니기 때문이다(전혀 들어줄 수 없는 것도 많다). 그가 시간을 내어 우리 자동차를 무료로 수리해주었다면, 우리는 그가 이사를 해야 할 때 기꺼이 몇 시간이라도 도와주려 할 것이다.

상호부조는 어떻게든 서로 균형을 이루어야 한다. 내가 누군가에게 내 자전거를 반나절 빌려준 정도라면, 나는 그가 나에게 메르세데스 벤츠를 선물할 것을 기대할 수는 없는 것이다. 어쨌든 상호적 이타주의는—동물계에서 먹잇감의 분배에서 보여주듯이—개인적으로 잘 알고 있는 경우에 가장 잘 기능한다. 흔쾌히 주는 자에게는 흔쾌히 받을 수 있다. 일정한 사람들을 정기적으로 식사에 초대하면서 그 대가로 그들에게 무언가를 기대하지 않는 경우는 없다. 최소한 좋은 이야깃거리라도 준비해 와야 하고, 이에 더해 매번 샴페인 한 병씩이라도 들고 온다면, 손님들에게 얕보이는 일은 없을 것이다. 우리들

45

중에 대부분은 자신의 지인에게 기꺼이 작은 호의를 베풀어 줄 마음가짐을 가지고 있다. 하지만 우리가 여러 번 호의를 베풀었으나 상대방이 그것을 전혀 아는 체하지 않는다면, 언젠가 우리는 그를 피하게 될 것이다. 물론 이것은 비교적 사소한 일이다.

하지만 결코 사소하지 않은 경우도 있다. 예를 들어 한 친구가 한밤중 잠들어 있는 우리를 깨워 숨겨줄 것을 부탁하였는데, 그에게 유력한 살인의 혐의가 있어서 구속영장이 발부되어 있고, 그가 무고함을 맹세하지 않는 경우를 생각해 보자. 그런 일이 일어나는 경우란 드물어서 대다수의 사람들에게는 거의 일어나지 않는 일임을 인정한다 하더라도, 단지 머릿속에서 상상만이라도 해보면 그와 같은 상황이 우리에게는 커다란 도전이 된다는 것을 알 수 있다. 우리는 누구를 믿어야 하나? 친구를 믿어야 할까, 그를 추적하는 경찰을 믿어야 할까? 그가 만약 자신의 무고함을 맹세할 경우에는 우정에 우위를 둘 것인가! 우리는 우정을 위해 어느 정도 스스로 위험을 무릅쓰고 공범이 되거나 적어도 신고불이행의 책임을 질 것인가? 우정은 언제 그리고 어디에서 멈추는가?

많은 사람들은 전적으로 사욕 없이 행동하는 것처럼 보이기도 한다. 예컨대 그들은 익사 직전에 있는 아이를 보면 개인적으로 그 부모를 모르더라도 아이를 구하기 위해 물속으로 기꺼이 뛰어 들어간다. 또한 이 경우 그 대가로 어떤 반대급부를 기대할 수 있는지에 대해서도 (전혀 그럴 시간이 없기 때문에) 관심을 두지 않는다. 이렇게 행동하는 자들은 원초적 "본능"을 따를 뿐이다. 그 본능이란 협력과 상호부조로부터 발전하여 온 것이며, **모든 사람**의 생존문제이기도 했다. 우리는 자기 생존이 타인의 도움을 통해서만 보장되어 있고, 타인도 마찬가지로 과거 자신이 이미 도움을 주었던 자들의 도움을 헤아린다는 것을 알아 왔다. 그러나 우리가 주는 많은 도움이 도움을 받는 자들과의 개인적 친분을 전제조건으로 하지 않는다는 것은 분명하다. 누군가가 이미 우리가 경험했거나 언제라도 경험할 수 있는 위기상황에 처해 있음을 알아차린 것만으로 충분하다. 여기에 중요한 역할을 하는 것이 **감정이입**의 능력과 공감할 수 있는 능력이다. 이에 관해서는 제3장에서 다시 다루게 된다.

　단순한 협력은 많은 경우 처음부터 개인적인 친분을 전제조건으로 하지 않는다. 갑작스럽게 한 사람 또는 다수의 사람과 함께 나쁜 상황에 처하게 되는 것만으로도 충분하다. 예컨대 사막 한가운데서 불의의 사고를 당한 관광버스의 경우를 생각해 보자. 이러한 경우는 협력의 필요성이 공지의 사실이 되어 모두가 서로서로 의지하게 된다. 또한 손해가 없고 거의 아무런 위험이 없는 상황에서도 마찬가지로 즉각적이고 자동적으로 협력을 불러일으키는 경우가 있다. 누군가가 관청에서 일정한 서식을 어떻게 작성해야 할지는 잘 모르는 와중에, 다른 사람 역시 그것을 잘 몰라 그에게 물어오고, 여기에 또 다른 제3자가 등장하는 경우를 생각해 보자. 각자에게는 자기 혼자만이 문제에 봉착해 있는 것이 아니라는 긍정적인 감정이 생겨난다. 이들은 서로 같은 문제를 가지고 있다는 것 외에는 아무런 관계가 없는 자들이지만, 그 공동의 문제가 그들을 적어도 짧은 시간 동안이나마 함께 이끌어간다. 그리고 함께라면 이 문제를 보다 잘 해결할 수도 있다.

물론 상호적 이타주의는 일반적으로 한눈에 파악할 수 있는 소규모 집단 내에서, 특히 생물학적으로나 유전적으로 서로 결부되어 있는 가족구성원들 간에 가장 잘 작동한다. 사회생물학자 에카르트 볼란트Eckart Voland는 『인간의 본성 *Die Natur des Menschen*』이라는 책에서 이에 관해 다음과 같이 적절한 지적을 한 바 있다.

사회적 응집력은 (…) 진화적으로 성장해 온 접합제 하나를 알고 있는데, 그것을 우리는 족벌주의(친족우선주의)라한다. 족벌주의의 진화사를 보면, 인간의 경우 무엇 때문에 세계 어디에서나 친족을 중심으로 하는 사회구조가 발전하여 왔으며, 구조상 더 이상 친족에 기초하고 있지 않는 사회적 관계를 가진 오늘날의 세상에서조차 일터에서나 여가시간에 개인적인 위기상황이 생길 때 가족적 연대성에 상당한 기대를 거는 이유가 어디에 있는지를 이해할 수 있다(Voland, 2007, 15쪽).

이 때문에 법정에서도 피고인의 근친인 자의 증언은 대부분 증거로서의 가치를 인정하지 않는다. 어떤 범죄의 혐의를 받고 있는 자의 아버지는 긴급한 경우 그 아들에 대해 (허위의) 알리바이를 댈 개연성이 매우 높다. 이와 같은 관계에 대한 우위성 부여는 자신의 친족을 넘어서 통상적으로 친한 친구들 사이까지도 확장된다.

하지만 여기에도 관계에 대한 우위성 부여는 한계에 부딪치는 경우가 있다. 많은 부모들은 자기 자식들이 자기네들의 가치관념을 지속적으로 무시하면 그 자식들과도 거리를 둔다. 메아리 없이 지속적으로 주기만 하면 친구 사이의 우정에도 금이 간다. 그 누구라도 아량을 베풀면서 기꺼이 불이익을 입으려고는 하지 않는다. 하지만 사회생물학적·진화론적 관점에서 보면 그렇게 될 가능성도 기대하지 못할 바는 아니다. 이에 관해서는 다음 장에서 다시 다룬다.

이기주의자의 협동심

타자를 돕는 것은 한 집단의 안정을 위해 없어서는 안 될 "행태성향"이다. 따라서 협동심은 도덕적으로 옳은 일로 분류되고 있다. 이웃을 돕거나 불행을 당한 자를 돕는 일 등은 문화적으로 깊이 뿌리내려져 있고, 우리의 법체계 내에서도 나름의 역할을 맡고 있다. 잘 알고 있듯이 이러한 구조행위를 일부러 하지 않는 것은 처벌 가능한 구성요건으로 되어 있다. 심지어 누군가가 타인의 궁지를 이용하려고 든다면, 우리는 그러한 행위를 추잡하다고 생각한다.

하지만 협동심은 도덕을 알지 못하는 생물의 경우에게도 멀리 퍼져 있는 것이다. 동물의 세계에서 도움을 주는 것은 번식과 직접적 연관성을 가지고 있다. 암컷 곰이나 멧돼지가 자기 새끼들을 침입자로부터—극단적인 경우 자기의 생명을 희생시켜서라도—보호하는 일은 그다지 감동스런 일도 아니다. 그들은 단지 자신들이 일군 번식결과를 상실하지 않으려는 것일 뿐이다. 아프리카 들개의 경우에는 무리 가운데 수컷들이 공동으로 사냥에 나서고 암컷은 그 새끼들과 함께 자신들의 은신처에 머문다. 사냥에 나섰던 수컷들은 사냥물을 일정한 장소에서 분배하거나 삼킨 뒤, 거처로 다시 돌아와서는 암컷과 어린 것들에게 고기 덩어리를 나누어 주거나 이미 삼킨 것을 다시

토해낸다. 이 경우에도 결국 관건은 번식결과를 보전하는 일이다. 이외에도 많은 다른 예들이 있다.

우리 인간의 경우에는, 많은 행동양식들이―우리가 의식하지 못하고 있지만―매우 직접적으로 번식에 대한 이해관계와 결부되어 있음을 인정한다면, 사정은 더 복잡해진다. 우리가 아이를 낳지 않겠다고 결심할 수도 있지만, 이 경우에도 사정은 마찬가지이다(왜냐하면 성적 욕구는―다행스럽게도―그대로 유지되기 때문이다).

어쨌든 우리는 일반적으로 가능한 한 오랫동안 살고 싶어 하고, 되도록이면 편안한 삶을 영위하고 싶어 한다. 하지만 그러기 위해서는 타인들을 필요로 한다! "진정한 이기주의자"는 그것을 알고 있으며, 그에 따라 행동을 한다. 왜냐하면 많은 상황과 갈등을 극복하기 위해 생각할 수 있는 모든 전략들 가운데 가장 유리한 것이 바로 협력이기 때문이다. 달리 말하면 협동심이 이득이 되는 것이다.

이는 우리가 어떤 성스러운 이상을 기대할 수 있음을 의미하는 것도 아니고, 모든 측면에서 볼 때 결국은 도덕이라고 할 수 있는 도움주기가 그 자체로 목적으로 실천될 수 있는 것임을 의미하는 것도 아니다. 우리는 그렇게 할 수 있는 존재가 아니다. 더구나 도덕은 그 자체가 목적이 아니다. 단지 우리 삶을 구성하는 부분 중 하나일 뿐이다. 스코틀랜드의 철학자 데이

비드 흄David Hume(1772~1776)은 인간이 오감 이외의 제6의 감각, 즉 도덕감을 가지고 있고, 인간의 행위는 성향과 열정에 따르는 것이라고 말한 바 있다. 안목이 매우 넓었던 것이라고 말할 수 있다. 하지만 이와 같은 "도덕감"도 다른 감각들과 밀접하게 결합되어 있어서 우리가 우리 주변에서 인식하는 모든 것으로부터 일정 부분 영향을 받는다.

우리 모두가 타인을 도울 마음가짐을 가지고 있는 상황에서는, 거꾸로 도움을 더 많이 기대한다든가, 도움에 대한 보상이 높으면 높을수록, 그만큼 더 일찍 돕고 싶은 마음이 들 것이다. 이러한 보상은 우리에게 직접 지급되거나 꼭 현금으로 지불되어야 하는 것이 아니다. 특히 도움을 줄 마음가짐을 보이는 데 대한 보상은 사회 내에서의 지위, 즉 사회적 명망이 더 높아지는 것으로 드러난다.

이에 덧붙여 타인에 대해—참으로 쉬운 일이 아닐 때가 많지만—우호적으로 대하면, 반대로 사회적으로 하자가 있는 행위를 하더라도 직접적으로 비난을 당하지는 않는다. 예컨대 우리는 우리에게 도움을 주지 않았거나 어떤 파렴치한 행위를 했다는 이유로 많은 사람들에게 더 이상 인사도 건네지 않기도 한다. 침팬지도 마찬가지이다. 두 살에서 세 살을 먹은 젊은 침팬지는 나이를 더 먹은 집단 구성원을 격퇴시키고 나서 지배의식을 느낄 수 있었다. 하지만 나이 먹은 다른 침팬지들은 그들에게 인사조차 거부함으로써 그들이 그렇게 할 수 없음을 알게 만든다.

우리 인간은 천사가 아니다. 우리 모두는 자기 또는 자기의 가족이나 근친의 안녕에 우선순위를 두고, 그 다음에야 좋은 친구의 안녕에 의미를 둔다. 이는 생물학적으로 볼 때, 결코 놀라운 일이 아니다. 이 때문에 전혀 불편해 할 필요도 없다. 도덕주의자들의 치켜든 손가락이 인간의 이기심을 지적하지만, 인간행동에는 아무런 변화를 가져오지 못한다.

하지만 우리가 타인을 어떻게 대하는가에 따라 우리의 안녕은 무시하지 못할 정도로 달라지기 때문에, 서로 협력하고 타인의 소망과 필요를 고려할 것이 권장된다. 우리가 사회적으로 존중받기를 원하고 타인의 조력을 기대한다면, 그것을 위해 무언가를 투자할 마음가짐을 가져야 한다.

그러나 모든 노련한 "사회전문가"는 친절한 칭찬의 말과 찬사 그리고 상냥한 몸짓 등이 결국 자기 자신에게 유리할 수 있음을 알고 있다. "**상냥한 놈이 먼저 목표에 도달한다.**"고 리차드 도킨스Richard Dawkins는 자신의 책『이기적 유전자』에서 말한다. 그렇다. 친절은 대부분 그저 행해지고 있을 뿐인 경우에도, 관련되어 있는 모든 자들의 행복을 확산시켜 준다.

반대로 우리는 화를 잘 내는 성격의 소유자들을 알고 있다. 이러한 성격을 지닌 자는 친절한 말은 입에 올리지 않고—자기 자신의 기준에서만 보면(!)—도덕적으로는 꽤 높은 수준에 있는 자일 수는 있지만, 사실 우리가 관계를 맺고 싶지 않은 자이다(그 자신도 자기와 같은 사람을 견딜 수 없을 것이다). 자기 자신에게 만족하며 조용히 침잠해 있는 자라도 타인에 대해서는 자기가 미워하는 사람보다는 더 친절하고 더 협력적이 된다는 점은 심리학적으로 널리 알려져 있는 사실이다.

인간에게 어떤 식으로든 반대급부를 기대함 없이, 그리고 전적으로 사욕 없이 행동한다는 의미의 **순수한** 이타주의가 환상임(환상일 수밖에 없음을)은 누구나 알고 있다. 인간본성을 속여 인간이 천사처럼 행동할 수 있는 가능성을 그 속에 날조해 넣지 않는 한 순수한 이타주의가 환상이라는 사실을 알아채지 못할 경우는 없을 것이다. 종교에서조차 "선한 인간"에 대해 어떤 아름다운 미래를 약속하고 있다는 것, 그것도 당장이 아니고 저 세상에서의 일로서 언약하고 있음은 우연이 아니다. 무언가를 요구만 하고 보상에 대한 아무런 전망도 주지 않는 도덕체계는 전혀 생각할 수 없거나 성공할 가망도 없다. 물론 이 경우 미래의 보상에 대한 전망을 매개하는 자들이 인간의 맹신을 이용하여 거짓 이야기를 늘어놓을 수도 있다^{제3장 참조}.

남미산 꼬리무는 원숭이에게 오이샐러드 한 접시를 주고 그 대신 부싯돌을 받는 물물교환을 하는 실험을 해 보았다. 원숭이들은 일반적으로 이 거래에 만족감을 보였다. 그러나 몇몇 원숭이에게는 부싯돌 대신 원숭이들이 더 좋아하는 포도송이를 줘보았다. 그러자 계속해서 오이만 받거나 오이를 부싯돌과 교환할 수 있었던 원숭이들은 자기네들이 더 불리한 거래를 하고 있다는 사정을 알아차리고는 계속적인 거래의욕을 상실하였다. 그 중 많은 원숭이들은 오이를 내던지고 보란 듯이 떠나 가버리기까지 했다.

여기서 우리가 정의와 관련하여 어떠한 의미부여를 할 수 있을 것인지에 대해서는 평가를 유보해 두기로 하자. 하지만 원숭이들이 불리한 거래에 대해 흥미를 잃었던 것만은 분명하다. 그러나 그것이 우리를 놀라게 할 만한 일인가? 원숭이들이 자기에게 더 나은 선택을 할 수 있는데 무엇 때문에 불이익을 감수하겠는가?

원숭이의 일을 인간의 일에 빗대는 것은 확실히 커다란 비약이긴 하다. 하지만 언제인지는 모르겠지만 인간의 정의감과 "선"과 "악"에 관한 관념도 진화과정에서 생겨난 것이다. 지능 있는 동물들을 있게 한 인간에 이르는 계통발달사에서, 도덕적 행동(또는 비도덕적 행동)에는 영향을 미치지 않았고, 또 도덕적 행동과 동일시할 수도 없지만, 도덕적 또는 비도덕적 행동의 불가결한 전제조건들로 나타나는 선행 사건들이 발생하였던 것이다.

뿐만 아니라 우리의 이타주의적 행동이 이기주의적 동기

허버트 스펜서

에서 비롯되는 것이라고 해서 우리가 괴로워해야 할 필요는
없다. 도움을 받는 사람이라면 자기를 도와주는 자가 (의식적
이든 무의식적이든) 스스로에게 이익이 되는 동기에서 행동하
는 것이라는 점에 대해 어떻게 반응할 것인가? 중요한 사실
은 그가 그 도움을 받아들인다는 사실이다. 이기주의적인 감
정과 이타주의적인 감정이 거의 접해 있다는 통찰은 전혀 새
로운 것이 아니다. 특히 영국의 철학자 허버트 스펜서Herbert
Spencer(1820~1903)가 이미 이러한 통찰을 하였는데, 말이 나
온 김에 하는 말이지만, 다윈도 **적자생존의 공식**Survival of the
fittest을 그에게서 받아들인 것이다.

　우리가 어떤 희생을 치르더라도 인간에 대한 **이상상**Idealbild
[理想象]— 굳이 말하자면 **선한** 인간의 가능성에 관한 상— 을 유
지하고자 한다면, (선행을 했지만) 그에 대한 아무런 보상도 받
지 않는 사람들의 예를 생각해 볼 수 있을 것이다. 그런 사람들
은 계속 입에 오르내린다. 하지만 도대체 누가 그런 사람인가?
인류학자이자 영장류 연구가인 좀머Volker Sommer는 『인간과
다른 동물에 관하여Von Menschen and anderen Tieren』라는 책에
서 그 점에 관해 매우 냉정하게 접근하여 다음과 같은 적절한
답을 제시하고 있다.

　성 마틴도 부족하기는 마찬가지이다. 그가 거지에게 (겉옷

은 주었지만) 속옷까지 주지 않는 것은 왠지 인색하다. 간디 역시 이상상에 적합한 인물이 아니다. 그가 금욕자가 되기 전에 예술품 소장가게에 빠져 그곳에 여러 번 발을 들여놓았던 적이 있었다. 마더 테레사도 알바니아에 남아 있던 혈족들이 그녀의 유명세 덕으로 어떠한 성직록도 받지 않았더라면 선한 인간의 이상상 후보가 될 수 있었을 것이다. (…) 신약성서에 있는 선한 사마리아인의 행위가 진정한 이타주의로 인정될 수 있으려면 그가 자신의 구조행위를 자랑하지 않았어야 했던 것만으로는 안 된다(그의 자랑은 고대의 구세군에서 진급에 영향을 미칠 수는 있을 것이다). 자랑하지 않는 데 그칠 뿐 아니라 우리가 그 사마리아인에 관해서 알지조차 못해야 할 것이다. 오로지 익명의 선행만이 모든 이기주의를 눈앞에서 뒷문으로 도망치게 할 것이기 때문이다(Sommer, 2000, 31쪽 이하).

도덕의 역사에서 진정하게 사욕 없는 선행자가 있었다면, 우리는 그에 대해 알고 있지 못할 것이다. 우리가 그에 대해 무엇인가를 알고 있다면, 그는 진정하게 사욕이 없었던 자가 아니었다. 마더 테레사는 노벨평화상과 많은 국제적인 훈장의 수상자였고, 그 모두는 그녀가 마땅히 받을 만한 것이었으며, 그녀가 행했던 수준의 "선행"은 모른 채로 남겨질 수 있는 것도 아니었다. 하지만 무엇 때문에 선행자 혹은 마더 테레사와 같은 선행자는 자신이 타인에게 준 도움의 대가로 아무것도 받지 말아야 한단 것인가?!

이 점에 관해서는 이 정도로 해 두기로 하자. 도덕이라는 겉옷으로 둘러싸고 있는 우리의 모든 행동양식은 우리의 "야생성"에 뿌리를 두고서 우리가 생존하는 과정 속에서 생겨난 것들에 불과하다. 우리는 그러한 행동양식을 보다 세련된 방식으로 이행하면서도 종국적으로는 그것을 세속을 초월한 원천으로 환원시키려는 시도들을 해왔다. 그러나 이러한 시도들은 실패한 것으로 볼 수 있다. "더 낮은 동기를 찾을 수 있거든, 결코 더 높은 동기는 찾지 말라."라는 격언이 있다. 도덕을 우리의 사회생물학적 기본 장치의 한 측면으로 결론을 내린 자는 그 장치의 결함과 불완전성을 알게 될 것이고, 그의 동료 인간들의 행태나 행동을 엄격한 눈으로 보질 않고 눈을 찔끔 감아주게 될 것이며, 스스로도 도덕의 사도처럼 행동하지 않게 될 것이다. 빌헬름 부쉬Wilhelm Busch(1832~1903)는 다음과 같이 말했다.

아! 느껴지네! 어떤 덕성도
나의 감각을 그대로 따른 것이 아님을
하지만 내가 가장 행복한 상태에 처할 때란

도덕의 두 얼굴

내가 미덕을 다 행했을 때임을

반대로 악덕은 그렇지 않네
그것은 나에게 많은 즐거움을 주고
내 마음에 드는 것들을
내 뒤보다는 즐겨 내 앞에 두려 하네

제2장

도덕, 무엇 때문에?

모든 우정은 우정 그 자체를 위해 선택되어야 한다.

하지만 우정은 그 시작을 이득이 있는 곳에 둔다.

에피쿠로스

우리는 왜 도덕을 필요로 하는가? 앞 장에서 우리는 통상 긍정적으로 평가되는 일정한 행태양식들(협동, 상호부조)이 생물학적 의미의 생존에 도움이 되기 때문에 우리 인류의 진화과정에서 거의 자동적으로 발전해 온 것임을 확인하였다. 뿐만 아니라 우리는 이기심에는 이타적인 힘도 내재해 있다는 점도 확인하였다. 여기서 우리가 더 확인해야 할 필요가 있는 것은 무엇인가?

  이미 수천 년 전부터 우리는—형벌로 위협되는—모든 가능한 명령과 금지에 대해 주입 받아왔고, 악덕에 대해서는 동시에 저주가 있을 것임을 경고 받으면서 미덕을 행할 것을 강요 받아왔으며, "올바른" 삶을 위해서는 어떤 길을 걸어야 할지에 대해 들어왔다. 무엇이 도덕적으로 옳고 그른지에 대한 생각은 계속 변화를 거쳐 왔고 사회마다 서로 차이가 있지만, 기본적으로는 도덕이 — 어떤 형식으로든 간에 — 우리를 강제하고 있다는 점에 대해서는 변함이 없다. 이 때문에 철학자 슈미트-살로몬Michael Schmidt-Salomon이 『선과 악의 저편 *Jenseits von Gut und Boese*』이라는 자신의 저서에서 우리가 도덕이 없다면 더 나은 인간이 될 것이라는 테제를 근거 지우려고 시도한 것은 신선한 발상이라고 할 수 있다. 살로몬은 결코 무도덕주의자Amoralist는 아니다. 나는 개인적으로 그가 매우 도덕적임을, 즉 매우 협력적인 사람이며 세상의 많은 악들을 물리치려 노력하는 자임을 알고 있다. 도덕은 완전히 없으면 안 될 것이지만, 문제는 우리가 (도덕적으로) 선한 것에 대해 너무 중압을 느껴 온 것은 아닌지, 그리고 실제로 무엇이 (도덕적으로) 선한 것인지에 달려 있다.

이 장에서는 도덕적 행위의 목적에 대해 다룬다. 이미 제1장에서 도덕적 행위의 목적에 관한 몇 가지를 설명하였다. 진화론적 시각에서는 "어디서부터"라는 물음 외에도 "무엇 때문에"라는 물음이 언제나 제기된다. 이 물음은 구체적으로 "무엇 때문에 도덕을 당연히 선한 것이라고 하는가?"라는 의미이다. 이 책이 일반적으로 목표를 두고 있는 바에 따라 이 장에서는 도덕의 어두운 측면도 드러내고자 한다. 물론 진화이론가가 보기에 구체적인 몇몇 해부학적·심리학적 행위의 요소들이 그러한 요소들을 "가지고 있는 주체들"의 의도와 다르게 발전되고 있다고 해서 진혀 이상할 것은 없다. 도덕이 바로 그와 같은 특징을 가지고 있는 것으로 보이기 때문이다.

네가 나에게 하듯이 나도 네게 한다

앞 장에서 간략하게 기술한 행태양식들과 그 동기들은 우리 인간이 타고난 연고주의자임을 예감하게 해준다. 연고주의보다 우리는 친족편애Vetternwirtschaft(혹은 오스트리아에서는 Freunderlwirtschaft)라는 표현을 더 자주 사용한다. 이는 우리 모두가 일상적으로 겪게 되는 일이다. 가정에서나 직업전선에서나 여가활동에서나 모두 우리는 연고주의적 현상을 접한다. 다윈의 말에 따르면, 젊은 아기엄마가 두려워하면서도 "극단적인 위험 속으로 주저 없이 뛰어드는 것은 모성본능에 추동되어 그 아이에 대한 사랑으로 그러는 것이지, 단순히 같은 인간이기 때문에 그러는 것이 아니다."(Darwin, 1966, 138쪽).

유감스럽게도 일찍 사망한 괴팅겐의 인류학자 보겔Christian Vogel(1933~1994)은 자신의 저서 『고살故殺에서 모살謀殺까지

Vom Toten Zum Mord』에서 다음과 같이 분명하게 말하고 있다. "근친족과의 긴밀한 유대와 비호는 외부에 있는 자와 경계지 움을 통해 방해를 받기도 하고 동시에 촉진되기도 하는데, 근 친이 아닌 외부인에 대해 우리는 그다지 도덕적인 의무를 느 끼지 않거나 심지어 전혀 느끼지 않는다."(Vogel, 1989, 52쪽). 요 약하자면, 내부를 향해서는 연대가, 외부에 대해서는— 적대 감까지는 아닐지라도—불신이 주를 이루는 것이라고 할 수 있 다. 여기서 우리는 도덕의 모호성을 보게 된다.

인류학자들 사이에 이견 없이 인정되고 있는 것은 인간은 소 규모 집단적인 존재이며, 진화과정에서— 수백만 년 동안 — 구성원이 한눈에 파악가능한 정도인 서른 명에서 쉰 명으로 이루어진 집단 안에서 살아 왔다는 점이다. 그 중에는 백 명이 넘는 집단도 있을 수 있었겠지만, 원칙적으로 달라질 것은 없 다. 이와 같은 결사들은 **일차집단 혹은 공감집단**이라고 불리기도 하는데, 그 구성들 간에 개인적 친분성(면대면 관계, 즉 눈을 마주 치는 신뢰성을 의미한다. 오늘날 페이스북에서의 관계와 혼동해서는 안 된다!)이라는 특징을 가지고 있었고, 전체적으로 보면 친족 집단이 확대된 것이었다.

이미 앞 장에서 언급했듯이 그러한 집단 내의 개인들은 서로 협동과 상호부조를 하고 있었던 것으로 인정할 수 있다. 이들 이 그와 같은 다른 집단들을 기쁨과 공감을 가지고 대했을 개연성은 거의 없다. 집단 구성원들을 서로 땀 흘리게 했던 것은 단지 생존을 위한 (불문의) 명령이었다. 공동으로 먹을거리를 찾는 일도 적에 대한 집단적 방어와 같이 당연한 일이였다. 늑대 떼나 비비 무리에 관한 언급을 기억할 것이다. 사실상 우리의 계통발생학적 선조들도 오랫동안 이와 같은 상황에 있었다. 그들은 수렵가로서 이리저리 헤매고 다녔다. 그리고 그들의 안녕에 결정적이었던 것은 그때그때 이용할 수 있었던 먹을거리 자원이었다.

이후 인간이—약 만 오천년 전 근동 아시아에서(신석기혁명)—정착하여 경작과 목축을 시작하였을 즈음에도 그 집단의 크기는 여전히 소규모였다. 실제로 모두가 서로를 알고 있었으며, 상호부조가 필수불가결한 구조를 이루고 있었다. 내가 태어나 자란 곳도 당시는 오스트리아의 부르겐란트에서 농업적 사회구조를 가지고 있었는데, 모든 농부들은 서로 다른 이들의 도움을 염두에 두어야 했던 상황들이 많았다.

그 중에 하나를 꼽아보면, 한 개인이 감당하기 어려웠던 암소의 분만이었다. 자신의 암소들 중 한마리가 송아지를 낳을 기미를 보일 때, 두세 명의 다른 농부들을 자기네 외양간으로 부르면, 그들은 여건이 좋지 않을 때라도(한밤중이라도) 당연히 도우러 온다. 대부분은 며칠 혹은 몇 주 내에 자기도 동일한 상황에 처하게 될 것이기 때문에 그 누구도 도움을 거부할 수 없다. 이처럼 "네가 하듯이, 나도 네게 한다."는 원칙이 거의 완벽하게 작동하였다. 하지만 농부들 중 어느 누구도 어떤 식으로든 도덕철학적인 숙고를 거치지는 않았다. 각자의 행위는 자기 자신에 의해 그리고 타인의 상황에 대한 통찰에 의해 이루어졌다.

구성원들이 한눈에 파악될 수 있는 집단에서 협력적으로 처신하지 않는 자는 즉각적으로 눈에 띄게 마련이고, 사회적 멸시를 받을 것을 염두에 두어야 한다. 소규모 집단에서는 사회적 통제가 작동한다. 여기서 내가 말하려는 것은 이러한 집단에서는 모든 것이 항상 원만하며 어느 누구도 타인을 희생시켜 이득을 챙기려 하지 않을 것이라는 게 아니다. 어떤 집단이라도 사다리를 타고 올라가는 사람과 같이 타인의 도움을 받는 사람이 다소 있는 것은 괜찮다(이것이 기생을 의미하는 것은 아니다!). 그러나 동시에 그러한 개인의 수가 제한되도록 만들어야 한다. 단기간의 이익이 사회에 장기간의 불이익을 가져올 경우 타인을 희생시켜 이익을 얻는다면, 우리는 애당초 그로부터 아무것도 얻지 못하게 된다.

사다리를 타고 올라가는 자는 그 자체로 받아들여지기 위해서라도 매우 영리하게 행동하여, 예컨대 동정심마저도 불러일으킬 수 있어야 한다. 우리 인간은 기꺼이 "어디엔가 소속되고 싶어 하는" 사회적 동물로서— 즉, 우리 가운데 어느 누구도 자동차의 다섯 번째 바퀴가 되고 싶어 하지 않는다 ― 각자가 그만큼 내부에 더 잘 편입되어 있으면 있을수록, 집단 내의 타인들이 그를 그만큼 더 많은 존경으로 대한다. 자기 할머니의 연금을 훔치는 대신 상냥하게 돈을 달라고 부탁하고, 받은 돈에 대한 대가로 할머니가 시장을 볼 때 돌봐주는 일은 권장할 만한 일이다.

우리의 사회적 (및 도덕적) 행태의 모든 근본형식은 소규모 집단 내에서의 삶을 통해 발전되어 안정화되었다. 이러한 사실은 매우 중요한 결론을 함축하고 있다. 다음 장에서 다루게 되겠지만 이는 도덕의 범위―혹은 우리가 도덕이라고 생각하는 바의 범위―를 절대적으로 제한해 준다. 하지만 임시로 우리의 주의를 "**우리-의식**_Wir-Gefühl_"에 기울여 보자. 여기서 우리-의식은 우리의 소규모 집단에서 획득된 계통발생학적 성향에 속한다. 우리-의식을 다른 말로 하면 개인에 대해서뿐만 아니라 그 개인의 집단에 대해서도 기본적으로 의미가 있는 **집단동일성** 의식이라고 할 수 있다. 앞에서 언급했듯이 인간은 어딘가에 소속되고자 한다. 통상적으로 가족이 소속의지를 실현하는 최초이자 장기적인 기회를 제공하며, 그 이후로 개인의 "사회적 지평"은 확대되어 간다.

우리-의식은 인위적으로 소규모 집단에서 대규모 집단으로 확대될 수 있는데, 이것이 분명하게 드러나는 한 사례가 세계적인 스포츠 경기의 경우라고 할 수 있다. 예컨대 올림픽에 참가하는 자는 자신의 출신국가를 대표한다. 그들이 금메달 몇 개를 획득할 수 있는 경우라면, 경기에 직접 참여하지 않고 겨우 집안 소파에서 텔레비전을 시청할 뿐임에도 국가의 스포츠 팬 모두가 기뻐하면서, "우리가 이겼다."라고 외친다. 또 국가 간 축구시합이 예고된 경우라면, 그것은 오직 "독일 대 아르헨티나" 또는 "스페인 대 영국"을 의미할 뿐이다. 각 팀 11명의 선수만이 실제로 승리를 위해 노력하지만, 심리적으로는 경기에 완전하게 참여하지 않은 다른 수백만이 "함께한다."

이렇게 그들에게 단순한 "**공동체험**_Miterleben_"이 중요하며, 전적으로 비합리적인 메커니즘이 작동하는 것은, 그들이 승리와 패배를 개인적인 일로 체험하는 것에서 기인한다. 이러한 메커니즘은 사회적 혹은 사회구조적으로 강화된 유사가족 Pseudofamilien의 형성으로 귀결된다. 이와 같이 확대된 우리-의식이 주어진 정치적 조건 하에서 어떤 재앙적 효과를 초래할 수 있는지에 대해서 우리는 익히 알고 있다.

독일 제3제국만 그런 재앙적 사례로 꼽힐 수 있는 것도 아니다. 당대만의 특이한 현상이 아닌, 이미 고대에 그 뿌리를 둔 전통까지 거슬러 올라갈 수 있는 **자살테러범**도 그러한 재앙적 사례에 해당한다. 엄격한 (사회-)생물학적 견지에서 보면, 자살테러범은 그 자체 모순이고 잘못된 적응이다. 자살테러범

은 다른 사람도 죽음으로 몰고 갈 뿐 아니라 자기 자신의 죽음
도 감수한다. 하지만 그들로 하여금 스스로 범죄적―그리고
많은 측면에서 병리학적―행위를 하도록 만드는 것은 사회문
화적 규범들과 계통발생사적으로 획득된 행태성향들의 밀접
한 결합이다. 정커Tomas Junker와 폴Sabine Paul은 『다윈-코드
Darwin-Code』라는 공저에서 이에 관해 다음과 같이 적고 있다.

> 생물학적 관점에서 볼 때 자기희생의 대부분은 (…) 부적
> 응 사례들이다. 부적응 사례들은 사회적 결속을 과장하게
> 함으로써 가능해지는데, 이러한 과장은 친족인식 시스템
> 의 결함을 강화하여 조작할 수 있게 만든다. 이와 유사한
> 방법으로, 검증될 수 없는 약속을 통해 반대급부를 제한하
> 여 환상의 세계로 옮겨가게 함으로써 성性 선택을 통해 생
> 긴 위험을 무릅쓰는 용기 있는 행동 경향성이 이용된다. 이
> 와 같은 이중적 조작을 통해 개인에게 자신의 생존이나 번
> 식에 관한 이익을 객관적으로 손상시키는 행동으로 나아
> 가게 하는 것이 가능하게 된다. 하지만 이러한 일은 주도하
> 는 조직들에 대해서는 적용되지 않는다. 그러한 조직들의
> 경우에 적용될 수 있는 것은 성공가능성이 높고 합리적인
> 전쟁전략이다(Junker, T. und Paul, S, 2009, 102쪽).

71

물론 우리는 자살테러범이―그들 각자가 다른 많은 이들과 같은 사람이라고 하더라도―절대적으로 예외적인 현상이며, 일반적인 사례가 아니라는 점을 염두에 두어야 할 것이다. 하지만 이 세상의 과거나 현재의 모든 독재자들도 예외인 것은 마찬가지다. 그러나 그들은 대부분의 사람들과 사회적 결사 속에서 비교적 잘 작동되고 있는 "네가 내게 하듯이 나도 네게 한다."는 원칙을 깨뜨려, 적어도 중기적으로나마 유사가족에 속하려고 하는 신민들의 바보 같은 충성에 기대를 걸 수 있다.

수천 년 전부터 있어 왔던 이런 비극으로부터 벗어날 수 있는 유일한 출구는 **도덕적 개인주의**_der moralische Individualismus_이다. 이에 관해서는 제5장에서 다루게 될 것이지만, 그 선행 작업으로 미리 검토해야 할 것이 많다.

사익으로부터 나오는 공익

한 집단 내의 모든 구성원의 행복은 구성원 중 어느 정도 다수가 집단에 투자할 마음을 가지고 있는지에 달려 있다. 뿐만 아니라 거꾸로 그 투자가 전체의 대차대조표에서 볼 때 각 구성원에게 이익이 되어야 한다. 행복이 한 집단의 모든 구성원에게 실제로 보장되기 위해서는 그들 구성원 간의 상호관계도

대등의 상태여야 한다. "하나는 모두를 위해, 모두는 하나를 위해"라는 표어는 타당한 것이다. 하지만 이는 현실에 있어서 그리 간단치만은 않은 것으로 드러난다.

예컨대 누군가가 어떤 단체에 가입하여 회비를 낸다고 생각해보자. 여기서 이 단체가 고도의 명망을 향유할 수 있는 배타적 단체라면 회원이 되는 것 자체가 이미 사회적으로 플러스가 된다. 그렇지 않은 경우라면 각 개인은 자신이 단체에 투자한 것에 비해 더 많은 것을 기대할 것이다. 물론 어떤 단체에 가입하는 일은 통상적으로 각 개인의 선택사항이지만 국가시민의 자격은 그렇게 쉽게 선택할 수 있는 일이 아니다. 일반적으로는 세상에 태어나면서부터 한 국가의 시민이 될 수 있다. 나중에라도 국적은 다른 국가로 바꿀 수 있지만, 잘 알다시피 여러 국가들 사이에서 임의로 국적을 이리저리 바꿀 수는 없다. 또한 모든 국가는 국가의 시민으로부터 세금을 징수하며, 이 세금은 이론적으로나 **법적으로**_de jure_ 공익을 위해 사용하기로 되어 있다.

그렇다면 실제로는 어떠한가? 쉽게 판단할 수는 없다. 예들들어 비둘기 사육협회라는 단체의 경우엔 각 회원이 그 단체가 자신의 관심사를 더 이상 충분히 대변하지 못하고 있다는 인상을 받은 경우에는 언제라도 탈퇴가 가능하다. 그럼으로써 그 단체는 장래의 회비를 포기해야 한다. 하지만 한 국가의 시민이 되는 경우에는 그렇게 간단하지 않다. 국가는, 더 정확히 말하면 국회의원들은 시민에게 묻지 않고 세금을 정해 이를 징수할 권한을 스스로 만들어내고, 국가의 이름으로 집행관을 파견해 세금을 징수한다. 국가에 대해 "회비"를 납부하지 않은 시민은 국가의 이름으로 그 가족과 거주지로부터 쫓겨나 생존을 박탈당한다.

여기서 표면에 드러나는 것이 "공익"이다. 하지만 개인의 생존을 훼손함으로써 "일반공공"이 사실상 얼마나 이익을 얻는지는 매우 의문이다. 세금을 납부할 마음을 그 시민이 가지고 있었는지, 있었다면 어느 정도 납부할 수 있었는지에 대해 물어야 하는 일이 내 관심사일 수는 없다고 많은 사람들은 말할 것이다. 하지만 한 국가의 정치인들—국가가 **공동체**임에 유의하면—은 시민들이 좋게 느끼는지 나쁘게 느끼는지에 대해 관심을 가지지 않을 수 없을 뿐만 아니라 그에 대해 무관심해서도 안 된다. 이러한 전제 하에서 보면, 케네디John F. Kennedy(1917~1963)의 유명한 연설, 즉 "당신의 조국이 당신을 위해 무엇을 해줄 수 있는지를 묻지 말고, 당신이 당신의 조국을 위해 무엇을 할 수 있는지를 물어라."라는 유명한 연설에 대해 비판적으로 의문이 제기되어야 한다. 개인은 자신의 조국에 대해 통상적으로 그가 조국으로부터 받는 만큼만 해줄 수 있으면 되는 것이다(이에 관한 자세한 내용은 후술한다).

"공익"이라는 개념이 원래부터가 문제 있는 개념이고—여기서 사전적 정의를 제시하지는 않겠다—그 때문에 소위 공익의 대표자, 즉 국가의 대표기구도 개개인의 행복만이 "공익"을 보장한다는 점을 충분히 통찰하고 있지도 않다. 오스트리아 경제부는 얼마 전 "경제가 잘 되면, 우리 모두가 잘 된다."는 슬로건을 내걸었다. 그와 같이 근거가 박약한 내용은 "위"와 "아래"를 혼동하거나 매우 쉽게 세뇌되기 쉬운 머리에서만 나올 수 있다. 왜냐하면 "경제"란 개인들이 잘 되어 그들 중 각자가 뭔가를 구매하기 위해 유로든 달러든 주머니에 가지고 있는 경우에만 번영할 수 있는 것이기 때문이다. 다른 모든 동물과 마찬가지로 인간의 특징이기도 한 사익(자기이익)이 공공연하게 무시되는 경우에는 중장기적으로 "경제"는 나빠질 수밖에 없다.

하지만 경제위기가 오로지 자신의 이기심에만 충실하여 국가 전체를 붕괴의 끝자락으로 끌고 가는 개인들, 끊임없는 탐욕으로 스스로를 채우려고 하면서 공익은 말할 것도 없이 타인의 행복 따윈 염두에 두지 않는 개인들에 의해 초래된 것이라고 소리치는 비판적인 목소리가 들린다. 이 말은 일면 맞는 말이기도 하다. 하지만 그러면 무엇 때문에 수많은 사람들이 이 탐욕스러운 투기꾼들의 희생양이 되었는지에 대해 물어야 한다. 자신들의 재산을 증식하려고 했던 희생자들은 그럴 능력만 없었던 것이 아니라, 이른바 "요령"을 알고 있는 자들을 신뢰한 자들에 불과하다. 유명한 동물학자이자 동물에 관한 다큐멘터리 제작자인 하스Hans Hass는 경제와 경영에 관한 문제를 집중적이고 성공적으로 다루면서 인간의 본성에 관한 기초적 인식을 이 문제에 적용하였다. 그는 자신의 저서『관리되고 있는 상어Der Hai im Management』에서 특히 돈의 중요성을 분석하여 돈을—행태생물학적 개념으로—자극의 열쇠에 버금가는 것으로 보고 있다.

(돈이라는) 보편적 교환수단은 진화과정에서 이에 조금이라도 필적할 만한 것이 없었다고 할 만큼 자극의 열쇠가 되었다. 이러한 관점에서 보면 돈은 먹을거리를 제공해 줄 뿐만 아니라—거의 모든 다른 필요와 소망을 채울 수 있는 마법의 지팡이이다. 돈이 있으면 거의 모든 것을 얻을 수 있고 거의 모든 소망을 채울 수 있으며—그 때문에 돈을 취하는 것이 가장 추구할 만한 가치 있는 일이라는 사실을 누구나 당연히 알고 있다. 이와는 반대로 이 때문에—(…) 조건화를 넘어서서—모든 사람이 모든 선천적이며 후천적인 추동력이 돈을 취하는 일에 집중될 지경에 이르도록 동원되고 있음을 분명하게 알고 있지는 못하다(Hass, 1999, 122쪽).

　지당한 말이다. 하지만 하스는 실물경제를 희생시켜 재정경제에 대한 과대평가를 초래할 위험도 경고하였다. 현재 전개되는 양상을 보면 그의 판단이 옳다. 마법의 지팡이인 돈은 파괴적이다. 실물경제는 생산품의 제조와 유통에 초점을 맞추고 있는 반면, 재정경제에서는 돈의 증가만이 관건이다―그리고 이는 점차적으로 가능해지고 있다. 그 결과 언제라도 흔적 없이 사라져 버릴 수 있는 사상누각이 만들어지고 있다. 일 년 전부터 거론되고 있는 "재정위기"는 따라서 **시스템 위기**인 것이다.

　이러한 언급을 하는 이유는 우리가 오늘날 돈을 매개로 삼아 공익을 정의하고 있기 때문이다. "공익"은 앞서 말했듯이 문제가 있는 개념이지만, 여기서 공익 개념에 관해 다투고 싶지는 않다. 하지만 공익이 누군가의 명령에 따라 한 집단 내의 모든 사람이 똑같이 잘 되는 것을 의미하는 것이라면, 그것은 불가능한 일이다. 동유럽의 공산주의 혹은 사회주의 국가시스템이 그것을 보여주었다. 평등을 표방한 정치시스템에서도 많은 사람들은 다른 사람과 "같지 않다." 따라서 이러한 시스템들은 ― 유럽에서는―비교적 짧은 기간 동안만 유지되었다. 공익이 개인의 행복과 불가분하게 결합되어 있음을 통찰하고 있지 않은 정치인들에게는 두 가지의 선택지가 있다. 하나는 개인을 억압할 가능성이고(그 결과는 서로 달랐지만 이는 이천 년 전부터 시도되었다), 다른 하나는 가능한 한 모든 개인들이 상대적으로 행복함을 느낄 수 있는 경우에만 번영하는 공동체가 가능하다고 생각하는 것이다.

내가 "상대적"이라고 한 것은 잘 알다시피 모두를 만족시키는 일은 불가능하고 각자는 자기 자신의 안녕을 약간씩 다르게 생각하고 있기 때문이다. 사람이 다르면 중요하게 여기는 가치도 서로 다르다. 어떤 이들에게는 자동차가 전부를 의미하겠지만, 예컨대 나는 자동차를 필요로 하지 않고 그 대신에 많은 책이 필요하며 책은 내게 있어 물리적 객체만으로도 어떤 가치가 있는 것임을 의미한다. 동시에 동일한 한 사람이라도 상이한 가치들을 표방하고 장려할 수 있다. 논쟁적인 오스트리아의 철학자 파이어아벤트Paul Feyerabend(1924~1994)는 자신의 저서 『자유인의 인식Erkenntnis fur freie Menschen』에서 다음과 같이 말하고 있다.

모든 이중간첩은 자신만 알고 있는, 다른 폐쇄적 삶을 살고 있다. 우리가 이러한 점을 배울 때 좋은 것은 다음과 같은 이유 때문이다. 즉 사회란, 아무리 좋은 사회라도 결코 인간의 모든 소망, 모든 이상, 모든 꿈을 현실화하지 못하고, 그리고 바로 그 때문에 우리 모두는 원래부터가 이중간첩이기 때문이다(Feyerabend, 1980, 300쪽).

하지만 만약 어떤 개인이 높은 국가부채 때문에 "그의 정치인"이 그에게 "허리띠를 더 졸라맬 것"을 명하면, 어떻게 생각해야 할까? 정치인이 국가경제를 잘못 운용하고 있는데 무엇 때문에 개인이 자신의 삶의 가능성을 제한해야 하는가? 전체가 그에게 도대체 무슨 의미가 있다는 말인가? 우리 인간은, 다시 한 번 강조하지만, 소규모 집단적 존재이다. 우리는 일반적으로 도움을 줄 마음가짐을 가지고 있고, 협력적이며, 사회적 삶에 기쁨을 느낀다. 많은 사람들에 대해 공감할 수 있고, 우리와는 다른 종족들에 대해서도 연민을 느낄 수 있는 능력은 우리의 중요한 기반이다. 하지만 정치와 경제가 오늘날 우리에게 제공하고 있는 것은(예전에도 근본적으로 다르지 않았을 것인데!) 수상쩍은 타협조차도 아니다. 유럽연합의 재무장관이 밀실에서, 유로화의 안정이 보장되어야 하고 그러기 위해서는 천문학적 차원의 "원조꾸러미"를 만들어야 한다고 합의를 하는 것은 멋지고 좋은 일이다. 물론 그들이―그들뿐 아니라 다른 이들도―5억 인구의 머리를 속이는 결정을 내리지 않기로 합의를 할 수 있었더라면, 더 멋지고 더 좋았을 것이다. 정확하게 말하면, 몇몇 소수의 사람들이 "공익"에 대해 제멋대로 정의를 내리고 수백만 명의 사람들로 하여금 그들의 피리에 맞춰 춤출 것을 명령할 권한을 가지지 않도록 하는 것이 중요하다. 뿐만 아니라 우리 중에 누구라도―정치인이라고 할지라도―(종이 한 장 위에 많은 동그라미가 붙은 숫자라는 것 이외에) 그와 같은 차원을 생각할 능력이 없다는 점이 중요하다. 왜 그런가? 수백만 년 동안 우리가 수렵인과 채집자로서 진화를 거쳐 온 과정에서 수십억 물론 수백만도 아무런 역할을 하지 않았기 때문이다.

시민들에 대해 "조세도덕"이 결여되어 있고 공익에 방해가 된다고 비난을 가하는 정치인들은 자신들의 도덕에 대해 의심해 보아야 할 것이다. 인간의 본성에 관한 강의들을 좀 들어두는 것이 더 나을 것이다. 그러고 나면 조세도덕은 감세에 의해 가장 많이 높아지는 것임을 분명히 알게 될 것이다. 그리고 사람들의 주머니에서 가능한 한 적은 돈을 내놓게 하는 것이, 종종 불만이 토로되는 "지하경제"에 가장 효과적으로 대처하는 방법임도 확실히 알게 될 것이다.

공익은 개인의 이기주의라는 길을 통해서만 촉진될 수 있다. 뿐만 아니라 개인을 공익과 분리(혹은 거꾸로 공익을 개인의 이익과 구분)하는 것은 치명적인 이원주의적 사고에 해당한다. 개인은 언제나 현실적이고, "국가" "공공복리" "경제" 등과 같은 추상적 개념들은 개인에게 무력한 느낌을 심어주는 기능을 한다. 대부분의 경우 이 기능은 아주 성공적으로 작용한다. 이러한 느낌을 개인에게 심어주는 것도 역시 개인들이다(그 외에 누가 있겠는가!). 그러한 개인들은 자신들이 "신의 이름으로" "국민의 이름으로" "공익의 이름으로" 등등, 행위하는 체만 할 수 있으면 된다. 민주사회에서 이들은 독재사회에서와 같이 쉽게는 아니지만 "그들의" 시민들을 "도덕을 위한 헌신"에 동원하려고 시도한다.

하지만 여기서 다시 파이어아벤트의 말을 들어보자. "시민이 자신의 전통에 따라 살 수 있는 권리를 가지게 되면, 그 시민이 납세자로서나 한 개인으로서 일정한 기여를 하는 제도들을 운용하는 일 역시 그 시민의 판단에 종속한다."(Feyerabend, 1980, 167쪽). 그러나 우리는 누구나 자신이 내린 판단을 기꺼이 포기하려는 "시민들"을 알고 있다. 문맹자, 보호를 필요로 하는 자, 정치적으로 위험한 확신의 소유자 등과 같이 일반적인 판단을 기대할 수 없는 자들이 그러한 시민들의 범주에 속한다.

다른 한편 민주국가에서 모든 개인은 언어로 자신의 요구사항을 분명히 할 수 있는 보장된 권리들을 가지고 있다. 이 때문에 민주주의가 어리석은 자들의 독재라고 일컬어지기도 한다. 물론 독재국가(종종 "민주[인민]공화국"이라고 선언됨)에서도 대부분 한 사람의 어리석은 자가 많은 다른 어리석은 자들뿐 아니라 많은 똑똑한 자들도 지배한다. 다시 한 번 파이어아벤트의 말을 언급하면, 그가 말하는 시민은 언제나 성숙한 시민으로, 어떤 전통을 유지하려고 하는지를 매우 정확하게 알고 있는 자들이다. 방울을 단 아무 양이나 무조건 졸졸 따라다니는 양들을 말하고 있지 않다(여기서 양에 비유하고 있다고 해서 인간의 사회적 삶이 양의 그것과 똑같다는 것임을 말하는 것은 아니다).

여기에서 겉보기에 패러독스처럼 보이는 측면도 있음을 지적해두지 않을 수 없다. 즉, 개인의 부도덕이 공익에 기여하는 많은 조직들과 제도들의 존재의 이유가 되고 있다는 점이다. 갑자기 예외 없이 모든 사람들이 그때그때의 도덕관념에 맞게 행위하고 어떤 가치나 규범도 위반하지 않는다고 상상해보자. 이렇게 되면 예컨대 사법기관이 필요 없게 될 것이다. 각자의 하부조직을 가지고 있는 모든 법원들은 문을 닫게 될 것이다. 대법관에서부터, 사법보좌관, 검사 그리고 법원종사자와 법원 식당 운용자들까지 모두 하룻밤 사이에 실직자가 될 것이다. 경찰 역시 더 이상 필요 없게 될 것이다. 누구도 타인의 재물을 절취하지 않을 것이며 강간도 없고 살인도 없으며 모든 운전자들도 교통법규에 따라 제한속도를 위반하지 않게 될 것이다.

도덕과 질서를 유지하기 위해 만들어진 제도들이 계속해서 생명력을 가지도록 하기 위해서는 끊임없이 새로운 범죄를 고안해 내야 할 것이다. 이는 결국 무한으로의 소급에 이르게 될 것이다.

이렇게 보면 도덕적 행위를 요구하거나 도덕적 행위를 감시하는 자 모두는 많은 사람들이 일탈행위를 하는 것에 대해 기뻐해야 한다고 말할 수 있다. 이와 관련된, 허구가 아닌 실제

사례를 한 가지 꼽아보면, 최근 승차권을 엄격하게 검사할 것을 예고한 바 있는 오스트리아 빈의 도로교통국을 들 수 있다. 이 예고는 매우 어리석은 조치였다. 왜냐하면 빈의 교통국은 필시 자금을 조달할 필요가 있었고, 이는 "무임승차자"가 많아야만 가능하였으며, 무임승차자는 사전예고가 없어야 현행범으로 가장 잘 발각될 수 있기 때문이다. 반대로 자신의 정기승차권을 가진 용감한 승객이 교통국에 돈을 지불하는 경우란 거의 없을 것이다.

　도덕과 질서에 이바지하는 모든 제도들과 그 제도들을 대표하는 자들은 일정한 정도의 도덕만을 받아들인다. 그 정도에 상당히 미달되면 제도들과 그 대표자들은 정당성의 문제에 봉착한다. 하지만 이들은 처음부터 인간의 도덕적 능력에 원래 한계가 있는 것임을 염두에 두고 있을지도 모른다. 그리고 그들의 정당성의 기초를 더 확장하기 위해 때때로 "도덕의 나사"를 강하게 조여 악행자들을 더 빨리 증가시킬 것을 계산에 넣을 수도 있다. 도덕과 마찬가지로 부도덕도 그 목적을 가지고 있으며 많은 자들이 부도덕으로 먹고살기 때문에 심지어 부도덕이 바라는 바가 되기도 한다. 이렇게 개인의 사익이 세련된 방법으로 공익에 이바지하기도 하는 것이다……

공익으로부터 나오는 사익

　모든 사람에게 중요한 것은 자기 자신의 안녕이다. 안녕은 매우 다양한 의미를 가지고 있으며 주관적 요소이다. 하지만 범죄율이 낮고, 친절하고 유쾌한 사람들이 많으며, 멋진 풍경, 깨끗한 물, 다양한 문화상품, 훌륭한 의료시설이 있는 나라에서 살고 있는 자는―실증적 연구를 해 볼 것도 없이―일상적 생존을 위한 투쟁에서 자신의 모든 힘을 쏟아야 하는 나라에서 사는 사람들보다 더 안녕함을 느낀다. 살아갈 수 있고 생존할 수 있는 곳에서 많은 사람들이 부족한 환경이라도 최소한의 자원으로 많은 수고를 하면서도 친절과 유쾌함을 유지한다면, 그것은 경이로운 일일 뿐이다. 하지만 모든 것에는 한계가 있다. 어린 시절부터 증오와 폭력으로 둘러싸여 있으면서 충분히 먹지도 못한 자는―굉장한 행운이 그를 불행으로부터 탈출시켜주지 않는 한―친절하고 유쾌한 사람으로 성장할 가능성이 거의 없고, 경우에 따라 테러에 가담하거나 테러를 촉발시키는 자가 된다.

　서구세계가 일치단결하여 테러투쟁의 필요성에 합의하면서도 그 근원적 뿌리가 어디에 있는지를 진지하게 탐색하고 있지 않다는 점은 주목할 만한 일이 아닐 수 없다. 여기에서도 우리 본성의 깊숙한 곳에 자리잡고 있는 이원주의가 주효하고 있다. 이러한 이원주의는 우리로 하여금 "악"을 "선"으로부터 재빨리 분리해 낼 것을 허락한다. 이러한 분리과정에서 "선"은 항상 우리 자신이다. 하지만 "악"이 자신을 언제나 "선"으로 보고 있음은 아무리 이해하려고 해도 잘 되지 않는다. 다른 문화들 간에 갈등도 이렇게 내재되어 있다. 때문에 얼마 있지 않아 우리가 그에 대해 원래 그런 것보다 더 많은 것을 감지하게 될까봐 걱정스럽다.

문명은 "악"에 대한 투쟁에서 시작되었다. 하지만 악에 대한 투쟁에는―고문, 사형 혹은 성전聖戰 등에서 보듯이―그 자체로 "악한 세력들"이 내재해 있다는 사실은 오랫동안 누구도(심지어 그때그때의 도덕의 수호자도) 알아차리지 못했다. 눈에는 눈 이에는 이처럼, 같은 것에 대해서는 같은 것으로 투쟁하라는 것은 오늘날 소위 고도로 진보된 사회에서도 여전히 슬로건으로 인정되고 있다(이미 오래전에 사형을 폐지한 여러 나라에서 사형제도의 재도입에 관한 국민투표는, 추측컨대 악한 것을 세상에 드러내 줄 것이다―이에 관해서는 여기서 논외로 한다). 또한 테러주의자들이 무혈로 전개되고 있는 국제적 경제테러의 논리적 결과물일 수도 있는지에 대해서는 지금까지 거의 문제제기조차 없었다.

하지만 테러주의자들에 대한 투쟁 때문에 우리 모두는 "보다 높은 도덕"의 수호자들에 의해 우리의 인격적 자유를 제한 당하여 공항에서 우리의 주머니는 샅샅이 수색되고 안전요원으로부터 신발을 벗을 것을 거칠게 요구 당한다(더 안 좋은 일을 당할 수도 있다). 안전이 인간의 기초적 요구라는 점에 대해서는 이해할 만한 이유가 있는 것이기 때문에 안전은 훌륭한 돈벌이 수단이 되기도 한다. 오늘날 주변을 한 번 둘러보면 기차역이나 대형마켓이나 개방된 장소 도처에 국가안전요원이나 사설안전요원들이 위치하고 있다. 특히 안전을 위한 필요성은 인격적 자유에 대한 제한을 정당화한다. 이렇게 보면 권력의 쟁취 과정에서 시민의 자유를 원래부터 제한하고자 했던 자들 모두에게는—드러내고 인정할 수는 없겠지만—테러공격이 심지어 때맞춰 적절하게 다가와 주기도 한다. 왜냐하면 우리의 안전요원이나 검색요원의 눈에는 적어도 우리 모두가 이론적으로는 테러리스트들이기 때문이다. 우리가 우리 자신을 테러리스트로 느끼지는 않지만, 공항에서 요구하는 비닐봉지에 정확하게 담지 않았다는 이유로 치약을 빼앗기게 되면 화가 치미는 것은 당연하다(안전요원이나 검색요원들이 보기에는 지정된 비닐봉지에 들어있지 않은 치약튜브가 그 봉지 안에 있는 것보다 해롭거나 위험한지는 중요하지 않는 것처럼 보인다).

　본론으로 다시 돌아와 "공익으로부터 나오는 사익"에 관해 말해보자. 하지만 위에서 언급된 내용이 이 문제와 무관한 것은 아니다. 실제로 발생한 사건이나 정치적으로 미디어에서 연출한 것에 불과한 시나리오들을 보면, 많은 개인들은 쉽게 불안스러워하고 복종하는 성향 탓에 임의로 조종할 수 있는 존재로 표현되고 있다. 다행스럽게도 연출되고 있는 공포스러운 시나리오에 대해 의문을 품거나 캐물어가는 이들도 있다. 하지만 의문을 품는 사람의 수가 훨씬 적다. 앞에서 언급했듯이 소위 재정위기가 시스템의 위기이듯, 공동체 및 공익을 대표하고 관리하는 것처럼 행동하는 공동체의 대표자와 많은 사람들 간의 관계의 손상이 점차적으로 늘어가는 것도 시스템적 현상이다. 이는 인정하고 싶지 않지만 사실상 인정되고 있다. 반면, 정치나 경제 분야에서 책임 있는 자들은 이를 인정조차 하지 않고 있다. 예컨대 "근검절약·목표달성"이라는 표어만 있고, 비판적 분석이나 원인규명은 이루어지고 있지 않다(비판이나 원인규명은 오히려 성가신 일일 것이고, 어떤 희생을 겪더라도 채찍질되어 관철되어야 할 정치적 결단을 중단시키기만 할 것이기 때문이다). 정치인들은 개인이 이른바 공익에 회의적이어서 결국은 거기에 대해 불만을 토로하게 될 것임을 우려한다.

하지만 한 국가 안에서 안녕을 느끼고 자기 인격의 발전 가능성을 보는 자는 그 나라의 공익에 대해서도 그에 상응하는 가치를 부여한다. 왜냐하면 그러한 개인은 자신이 이바지했고, 자기 자신의 안녕을 지속시키는 데 적절하기 때문에 장래에도 이바지하려고 생각하고 있는 공익으로부터 자신의 안녕을 끄

집어내려 하기 때문이다. 이와 같은 개인의 행복과 공익 사이의 밀접한 상호작용이 깨어지게 될 경우에 테러와 무정부주의가 생겨난다. 이렇게 되면, 정반대의 징후 하에서, 자신들의 권력을 근거로 도덕까지도 독점하고 있다고 생각하는 자들이 테러와 무정부주의를 억압하는 경우와 마찬가지로, 테러와 무정부주의도 도덕적으로 정당화될 수 있다^{제3장 참조}.

　소규모 집단에서는 이 모든 것이 훨씬 단순하다. 소규모 집단에서도 갈등은 발생하지만 행위자의 숫자와 마찬가지로 그 갈등도 한눈에 파악이 가능하다. 개인의 이익은 자신의 소속집단으로부터 나오는 것이 분명하고, 집단의 안녕도 개인의 이익 덕택인 것이 분명하다. 하지만 석기시대의 소규모 집단적인 삶으로 돌아가는 길은 차단되어 있고, 우리 중에 어느 누구도 그걸 원하는 사람은 없다. 그럼에도 불구하고 오늘날에도 우리는 가족, 친구, 작은 단체 등과 같은 소규모 집단에서 살고 있다. 이러한 집단에서 우리는 도덕을 배우고 있고, 여기서 말하는 도덕은 상호부조와 협력이다. 그러한 집단에서 우리는 통상 그 집단의 안정화를 위해 뭔가를 하는 것이 우리에게 이득이 된다는 것도 경험하게 된다. 우리가 집단의 안정화로부터 이익을 얻기 때문이다. 하지만 국가 속에는 문제가 있다. 국가는 필요악이며, 모든 면에서 악이다. 그럼에도 불구하고 인구가 지난 수천 년 동안(특히 지난 몇 십 년 간) 엄청나게 증가하여 그때그때 몇 십 명의 개인집단으로 결합이 이루어지는 것이 이미 오래전에 불가능하게 돼버렸기 때문에 국가는 필요한 존재이다.

이미 스페인의 철학자 오르테가 이 가제트 Jose Ortega Y Gasset(1883~1955)는 자신의 저서 『대중의 봉기 *Der Anfstand der Massen*』에서 "삶의 국가화"를 비판하면서 국가가 개인의 모든 관심사에 개입함으로써 모든 창조적·사회적 원동력이 약화되거나 억압된다는 점을 정확하게 인정하였다. 오르테가 이 가제트가 오늘날 유럽연합이라는 초국가적 형상이 창조적·사회적 원동력과 개인의 삶의 설계들을—유럽연합의 합의나 가능한 결과들에서 한 번도 현실적으로 생각해보지 않은 이념의 이름으로— 어느 정도로 억압하고 있는지를 알 수 있게 된다면, 아마 놀라움을 금치 못할 것이다. 또한 그와 같은 비판적 시민이 자칭 가치공동체가 점차적으로 이익과 자본으로 환원되어 "재정력"에 의해 규정되는 것을 보게 된다면, 오늘날에도 회의에 빠져 괴로워하지 않을 수 없을 것이다. 물론, 경제적 이해관계가 처음부터 유럽연합의 발전에서 준거요소였음은 누구나 아는 사실이다. 하지만 "유럽적 이념"이 전적으로 경제적 명령 위에서 기초되어 있어야 하는 것이라면, 유럽연합의 대표자들은 우리에게 그 점을 조용히 말해야 하고, 우리는 물론이고 그들조차도 뭔가를 시작할 수 없는 "가치들"을 가지고 우리를 귀찮게 하지는 말아야 할 것이다.

니체는 19세기의 국가를 "터무니없이 살찐 배"라고 확인하였다. 하지만 그는 이 살찐 배가 그 대표하는 자들에 의해서 뿐만 아니라 거기에 임의로 복종하면서 그로부터 이익을 얻을 수 있다고 생각하는 모든 이들에 의해서도 점점 더 살이 찌게 될 것이라고까지는 예상할 수 없었다.

도덕적 행위의 목적은 그때그때 주어진 사회구조를 지탱하여 유지하는 데 있다. 이는 내가 프롤로그에서 내린 도덕에 관한 개념 정의였다. 이제 우리는 도덕의 남용, 즉 도덕이 목적 소외적으로 이용될 수 있음을 확인해야 한다. 살로몬은 앞서 인용한 책에서 다음과 같이 적고 있다.

> 도덕적 논증형식은 원래 이해관계의 충돌에 대해 창조적으로 유연성 있는 해결 가능성을 발견해야 할 것을, 권위주의적으로 선재된 도그마에 속박시키는 결함만 가지고 있는 것이 아니다. 도덕적 논증형식은 우리 개인이나 우리의 소속집단이 방어해야 할 몫을 우리의 대적자들에게 투사시켜 그들 안에서 우리가 가장 잔혹한 방법으로 투쟁하도록 만듦으로써 우리의 대적자들을 비인간화시키고 희생양으로 오용하도록 우리를 유혹한다 (Schmidt-Salomon, 2009, 198쪽).

자신의 집단을 유지하는 일은 외부를 향한 행동들을 정당화시켜 줄 수 있다. 이 경우 외부를 향한 행동들은―자기 자신의 집단 내에서 그것이 전개될 경우에는―비도덕적인 것으로 여겨지는 것들이다. 여기서 다시 한 번 우리-의식을 지적해 둘 필요가 있다. 우리-의식은 진화의 과정에서 집단의 존속을 위해 발전되어 온 것으로서 전적으로 긍정적인 기능을 가지고 있다. 하지만 진화의 과정에서 생겨나온 우리의 모든 성향들과 마찬가지로 현실적으로 우리-의식은 일정한 (이데올로기적·경제적) 전제조건 하에서 파괴적으로 전개될 수도 있다. 이에 관해서는 다음 장에서 논의가 계속된다.

도덕은 이득이 될 수 있다!

도덕이 이득이 되는 경우가 있다면, 언제 어떤 조건 하에서 그러한가? 상호주의 원칙에 관해서는 이미 언급하였지만, 여기서 다시 한 번 반복한다. 이 원칙은 많은 사람들이 그때그때 타당한 도덕규범을 어기고, "그러므로 이 규범은 나와 아무런 관계가 없고, 내가 그것을 고안한 것도 아니다. 나는 타인에게 손해를 입히는 한이 있더라도 내게 가장 적절하도록 행위하려고 한다."고 말하는 것을 배제하지 않는다. 우리는 누군가에 대해 그렇게 설득력 있게 논증할 수 있는가? 법률가들은 이 점에 관해 특별히 큰 고민을 할 필요가 없다. 그들은 법률규정만 언급하면 되고, 도덕철학적 논거는 제시할 필요가 없기 때문이다. 한 번은 내가 어떤 토론회에서 오스트리아의 저명한 법원 관계자에게 민법과 형법의 정확한 차이가 무엇인지를 물어본 적이 있었다. 당시 그는 내게 "형법은 형법전刑法典에 있는 것이고, 민법은 그 외의 모든 것이다."라고 답했었다. 이러면 모든 것이 분명하게 밝혀진 것인가? 그러나 도덕철학에서는 이 정도로는 부족하다. 사물에 대해 그 근본을 파고들어 가지 않으면 안 된다.

모든 인간은 "유아적 자기중심주의"를 가지고 태어나지만, 자신이 사회의 일부에 불과하고(유감스럽지만 세상의 많은 아이들에게는 이러한 경험이 차단되어 있다), 타인들도 그들 각자의 소망과 요구를 가지고 있으며, 이러한 것들에 대해 일정한 권리를 가지고 표출한다는 점을 점차로 배우게 된다. 개인은 이와 같은 방법으로 상호적 이타주의의 감정을 발전시킬 수 있다. 이러한 감정은 우리에게 그럴 수 있는 계통발생사적인 진화론적 성향이 존재하기 때문에 비교적 쉽게 발전된다.

그 결과 "사회적으로 성숙된" 사람은 한편으로는 자기 자신의 이익을 관철시키려고 하면서도, 다른 한편으로는—단지 자기의 이익을 기대할 뿐이지만—자기 주변의 사람들을 고려하여 그들과 협력을 하려고 한다. 물론 사람들의 인생편력은 매우 복잡하고, 많은 사람들은 비교적 양호한 "성장환경"에서 자랐음에도 불구하고 "탈선을 한다." 물론 여기서 이 말을 하려는 건 아니다. 문제는 우리가 우리 삶의 각 과정에서 도덕적으로 행동하는 것이 이득이 된다는 것을 누군가에게 어떻게 분명하게 보여줄 수 있겠는가 하는 점에 있다(물론 여기서 도덕이란 최소한의 도덕으로서 상호적 이타주의를 의미한다).

전적으로 이해되면서도 흥미로운 점은 범죄자가 자신이 타인에게 행한 바를 스스로는 경험하고 싶어 하지 않는다는 점이다. 예컨대 값비싼 시계를 훔친 절도범은 그 시계를 타인이 다시 훔쳐가 버린 경우에는 매우 화를 낸다. 그 절도범은 노력을 기울여 보석가게에 침입하는 위험을 감수하였음에도 자신의 전리품을 다시 상실하였기 때문이다. 나는 악명 높은 절도범과 침입자가 스스로 절도의 피해를 입으면 자신들의 삶을 바꾸게 될 것이라고 믿지는 않는다. 하지만 그들이 자기 행위를 통해 타인에게 야기한 부정적 경험을 그들 스스로 경험하는 것이 그들에게 생각할 기회를 주는 것만은 틀림없다. 적어도 분명한 것은 그들 자신이 피해자의 처지가 된다는 것이다. 하지만 여전히 많은 절도범, 강도, 침입자들이 비록 은행을 털러가서 아무것도 취하지는 못할지라도, 조그만 구멍가게는 털려하지 않는 정도의 도덕은 가지고 있다. 이러한 맥락에서 **로빈후드 효과**

로 일컬어질 수 있는 바를 언급할 수도 있다. 이에 따르면 부자
와 가진 자들에게서 훔친 전리품들을 가난한 자들에게 분배해
주는 고귀한 강도에 대해 존경이 주어진다. 그 빼앗긴 자들이 수
상쩍은 방법으로 그들의 재산을 모은 경우에는 존경의 강도가
더욱 높아진다. 따라서 악한이 보험회사 등과 같은 거대하고 막
강한 조직들로부터 수백만을 사취하고 많은 사람들이 보는 앞
에서 단순히 경미한 범죄를 범할 경우 심지어 우리들 가운데 많
은 이들도 그에게 매혹되는 것은 심리학적으로 이해할만 하다.

개인의 행위가 도덕적 행위나 비도덕적 행위로 발전하는 데
있어 중요한 역할을 하는 것은 본보기 효과이다. 주거침입, 절
도, 사기 등이 빈발하는 환경에서 성장하는 자는 자신의 "이력"
에서 그로부터 강력하게 영향 받을 가능성이 매우 높다. 그는
비도덕적 환경에 있으면서도 도덕적으로 행위하는 것이 보람
있는 일이라고 말하거나 그런 개념을 사용조차 하지 않을 것
이다. 여기에 반대할 논리를 찾기는 어렵다. 아프리카, 아시아,
라틴아메리카의 거대도시의 슬럼가에 있는 아이들에 대해 뭐
라 말할 수 있는가? 모든 곳은 각자의 질서를 가지고 있으므로
그들도 그에 따라 행위하는 것이 마땅하다고 말할 것인가? 이
점에 대해서는 제4장에서 다시 다룰 것이다.

보다 나은 사회적·경제적 조건에 처해 있다면, 도덕적 행위
는 보람 있는 일이 된다. 도덕적 행위로부터 개인은 사회적으

로 플러스 효과를 얻을 수 있기 때문이다. 이러한 맥락에서 "네가 내게 하듯이 나도 네게 한다."라는 표어는 타당하다. 협력이 높게 평가되고 있는 환경에서 산다면, 반복해서 도움을 경험하고 타인을 신뢰할 수 있게 되기 때문에 스스로도 그에 따라 행위하는 성향을 가지게 될 개연성이 높다.

이와 관련하여 내가 직접 경험한 예가 있다. 내가 대여섯 살 때 돈이 동봉된 편지를 배달하는 우편배달부가 우리 집 근처에서 자신의 돈 가방을 잃어버렸다. 당시 그는 (그 지역 내의) 우체국에서 전달된 연금을 배달 중이었기 때문에 적어도 그 당시 업무와 관련해서 상당한 금액이 가방 안에 있었던 것이 틀림없었다. 내 아버지가 그 가방을 발견하고선 그 우편배달부를 찾아야 한다고 말하면서 — 더구나 많은 노인네들이 자기 연금을 기다리고 있을 것이라는 점은 굳이 언급할 필요도 없이 —, 그 우편배달부가 큰 곤란을 겪게 될 것이라고 설명했다. 나의 아버지는 아무런 도덕적 설교도 그에 덧붙이지 않았다. 하지만 당연한 것을 표현한 그의 행동과 몇 마디 언급은 내게 매우 강한 인상을 주었다. 그렇지 않았더라면 내가 지금까지 기억하지도 못했을 것이다. 우리가 우리와 함께 살고 있는 이들을 어떻게 대해야 할 것인지는 추상적인 도덕원칙을 기초로 하는 방법보다 이와 같은 경험 혹은 그와 유사한 경험을 통해서 훨씬 더 잘 배우게 되는 것이다.

제3장

도덕의 타당범위

인간의 주된 동기와 근본 동기는 동물의 경우와 마찬가지로

이기주의, 즉 생존과 행복에의 열망이다.

아르투르 쇼펜하우어

아래의 도덕적 요구들을 한 번 눈여겨보라.

"(친족이든 친구든) 누구라도 우선하지 말고, 모든 사람들에
게 동등하게 잘해라!"

"사욕 없이 행동하고, 도움을 줄 때에는 언제나 반대급부를
바라지 말라!"

"너의 이익보다 공동체(정당, 국가, 교회 등등)의 이익을 항상
우위에 둔다는 마음가짐을 하라!"

"네가 사는 데 필요한 최소한의 것에만 만족하고, 소유를 포
기하라!"

"직접적 쾌락을 추구하지 말고 영원한 가치에 따라 행동하라!"

"너에게 악행을 한 자에 대해 악한 마음을 품지 말라!"

"절제하여 번식을 위해서만 성적으로 능동적으로 행동하라"

위의 도덕적 요구목록은 당연히 더 추가될 수 있다. 하지만 이를 통해 어렵지 않게 알 수 있는 것은 이러한 명령에서 내가 자유롭지 못하다는 것이다. 이러한 명령들은 과거에도 그랬고, 오늘날에도 여전히 어떤 형식이든 많은 이데올로기 시스템이나 종교 시스템에 포함되어 있다. 이들 모두에겐 한 가지 공통점이 있다. 즉, 이러한 명령들은 실천 가능하지 않다는 것이다. 앞의 두 장에서 언급된 내용에 의하면 이는 놀랄 일도 아니다. 이 점은 인간이 얼마나 많은 도덕을 받아들일 수 있는가 하는 우리의 주제와 관련하여 매우 중요한 준거점을 제공해준다.

"이웃사랑"은 어디까지?

"네 자신에게 하듯이 네 이웃을 사랑하라."는 요구는 어려운 명령이다. 왜냐하면 수많은 일상경험 속에서 각자는 자기 자신이 가장 가까운 자라는 것을 알고 있기 때문이다("네가 가장 가까운 사람이다"). 그 다음으로 근친, 우정을 나누는 사람들이 다가온다. 이로써 시야가 넓은 윤리학자들은 이웃사랑이 아닌 자기애가 인간행동의 결정적인 원동력이라는 점을 인정한다. 호주의 철학자 존 맥키John. L. Machkie(1917~1981)는 일독을 권할만한 책인 자신의 저서 『윤리학, 옳은 것과 그른 것을 찾아서』에서 다음과 같이 적고 있다.

> 모든 현실사회와 직접적으로 실제적인 이해관계에서 볼 때, 관찰해 볼 만한 모든 사회는 그 구성원의 많은 부분이 서로 다르고 상호 충돌하는 이익을 추구하는 사회이다. 우리는 그 구성원들의 행동양식들이 이와 같이 서로 다르고 상호 대립하는 이익들을 추구하는 일에서 계속될 것이며, 따라서 그 행동양식들의 동기가 모두의 행복도 아니고, 공공의 행복을 증대시키는지의 여부를 묻는 테스트도 통과하지 못한다는 점을 출발점으로 삼아야 한다(Machkie, 1981, 164쪽).

사정이 이러한데 어떻게 이웃사랑을 요구할 생각에 이를 수 있는가? 앞의 두 장에서 우리는 인간이―사회적 생물로서―서로 협력적으로 행동하고 타인을 도와주는 성향을 가지고 있음을 보았다. 그리고 이 점은 우리의 일상경험과도 전적으로 일치한다. (여기서) 이타주의는 통상적으로 집안에서 가족들 간에 시작되고, 그를 넘어서서 몇몇 친구들에게 확장된다. 뿐만 아니라 우리는 어떤 상황에 처하게 되었을 때 우리와 친족도 아니고 친구도 아닌 다른 사람들을 도울 자세가 된다. 그러한 상황은 우리 스스로 경험해 본 적이 있고, 스스로도 타인에게 도움을 요구해 본 적이 있는 상황으로, 낯선 도시를 지나다가 누군가에게 길을 묻는 경우가 그러한 상황의 전형적인 경우에 해당한다. 이 경우 모두는 아니지만 대부분은 우리를 도와주려고 한다. 그 반대인 경우도 마찬가지이다. 물론 잠깐 멈춰 서서, 예컨대 찾는 건물이 바로 옆 골목에 있다고 안내를 하는 것은 실제로 거의 아무런 희생도 따르지 않는다. 하지만 만약 모르는 사람이 몇 시간 동안 과일과 야채 상자를 내리는 일을 도와달라고 요청한다면 우리 가운데 대부분은 아무런 문제없이 도와주기가 어려울 것이다.

우리가 함께 소속되어 있다는 감정인 우리-의식은 단계적으로 발전해 온 것이라고 말할 수 있다. 우리-의식을 부정적으로 사용하면 다음과 같은 옛 소말리아 격언이 그 핵심을 찌른다. "나와 소말리아에게는 세계가 적(타자). 그리고 나와 나의 씨족에 대해서는 소말리아가, 나와 나의 가족에 대해서는 씨족이, 나와 나의 형에 대해서는 가족이, 나에 대해서는 나의 형이 적(타자)." 긍정적으로는 외부로부터 위험이 임박했을 때 소속감이 매우 강하게 생겨난다. 분열된 가족이라도 갑자기 나타나 종조부의 유산에 대해 청구권이 있음을 밝히는 타인에 대항해서는 즉각적으로 결집된다. 공동의 적이 있는 경우에는 동맹이 득이 된다. 이 경우에는 가족뿐 아니라 국가와 같은 추상적 형상물에 이르기까지 보다 큰 집단도 뭉친다(이에 관한 많은 역사적 사례들이 있다). 외계의 생명체가 전 인류에 위협을 주는 경우에는 모든 인간들이 "연대"할 것이다. 그런 상황에서라면 적어도 위험이 계속되고 있는 동안에는 적, 파벌싸움, 민족 간·국가 간 전쟁 등은 잊히게 될 것이다. 영화 「인디펜던스 데이」는 그와 같은 시나리오를 잘 보여주고 있다. 인간들 중 누구라도 지구를 점령하여 지구를 파괴시킬 의도를 가진 흉하고 불쾌한 외계인보다는 가까울 것이다.

우리 지구가 외계인에 의해 위협을 받고 있지 않은 한―우리는 그렇게까지는 되지 않기를 희망한다―좋든 싫든 다른 사람들에 대해 느끼는 우리의 공감에는 한계가 생겨나 이웃사랑은 제한된 범위 내에서만 실천될 수 있을 뿐이다.

다윈은 "생존을 위한 투쟁"에 기초한 자신의 암울한 자연이론으로는 유명하지만, 그가 어떤 사회 미래상을 가지고 있었는지는 잘 알려져 있지 않다. 그의 책 『인간의 유래』에는 다음과 같이 눈여겨 볼만한 대목이 있다.

"인간이 문화적으로 진보하여 소규모 부족들이 대규모 공동체로 연합을 이루게 되면, 가장 단순한 생각이 모든 개인으로 하여금 다음과 같은 확신을 가지게 만든다. 즉, 각 개인은 자신의 사회적 본능과 공감을, 동족이지만 잘 알지 못하는 다른 구성원 모두에게 확대해야 한다는 확신이 그것이다. 각 개인이 일단 이러한 확신에 이르게 되면, 인위적인 울타리가 자신의 공감을 모든 국가와 모든 인종에 속해 있는 다른 사람들에게까지 확대하지 못하게 막는 것은 하나의 인위적인 울타리밖에 없다. 다른 사람들이 그 외관이나 습관에서 자신과 의미 있는 차이를 보이게 되는 것이 그러한 울타리인데, 이 때문에 우리는 유감스럽게도 경험을 통해 알게 되었듯이, 그들을 동료로 인정하기까지는 오랜 시간이 걸린다."(Darwin, 1966, 155쪽 이하)

이 대목에는 이미 모든 인간에 대한 전 세계적 연대사상이 표현되어 있다. 다윈은 여기서 더 나아가 우리의 사회적 본능과 공감을 인간이라는 울타리를 넘어 동물에 대한 예의로까지 확장시켰다. 이로써 그는, 덧붙여 말하자면, 오늘날의 동물윤리학 및 동물권리운동의 선구자에 속하게 된다.

19세기 진보사상에 고취된 다윈은 그 이후의 세기가 두 차례의 세계대전으로—물론 인간에 의해—야기된 수많은 끔찍한 일들이 인류에게 선사될 것임을 알 수 없었을 뿐 아니라 예견조차 할 수 없었다. 그러나 우리는 나쁜 일만을 보지 말고 좋은 일도 주목할 수 있어야 한다. 예컨대—다윈은 이 점에 대해서도 역시 미리 알 수는 없었지만—모든 사람에 대해 노예제도와 고문 그리고 개인적인 차별이 금지되고, 모든 사람의 생명과 자유에 대한 권리를 보장하는 것을 내용으로 하는 인권선언이 이미 60여 년 전에 선포되었던 것이다. 특히 국제엠네스티에 의해 정기적으로 발간되는 인권침해 보고서는 각성제의 역할을 한다. 이 보고서에 따르면, 인간의 다른 인간에 대한 잔혹행위들은 이런저런 도덕의 이름으로 자행되는 경우가 많다. 우리는 이 장에서 도덕이 많은 경우 권력과 위험한 동맹을 맺고 권력에 의해 부패될 수 있음을 다시 살펴 볼 것이다.

어쨌든 문자적 의미에서 이웃사랑은 제한적으로만 행해질 수 있다. 진화과정에서 발전된 우리의 생물학적·감정적 근본구조를 기초로 하고 보면, 우리에게는 사실상 모든 사람을 동맹시킬 수 있는 능력이 없다. 이는 우리가 모든 사람에 대해 동일한 정도의 공감을 가질 수 없음을 뜻한다. 이 점을 우리는 일상을 통해 알고 있다. 많은 사람들은 합리적 이유를 가지고 있지 않으면서도 그저 우리와 공감하지 않는다. 하지만 우리는 타인들과 빨리 친숙해질 수는 있다. 이는 이성에 앞서 검열이 작동하기 때문인데, 이러한 검열은 우리가 피하려야 피할 수가 없다.

실제로 우리가 아는 모든 문화(성경의 십계명을 알지 못하는 문화에서도)에서 기본적인 명령인 "살인하지 말라."는 명령이 도덕규범으로 정착되어 있는 것을 인정한다면, 이는 이웃사랑과 모든 사람에 대한 존중에의 고백을 가장 강력하게 표현하고 있는 것이라고 말할 수 있을 것이다. 하지만 자세히 살펴보면, 이 명령은 매우 제한적으로 타당하다. 전시 상황에서는 이 명령이 폐기될 뿐 아니라 오히려 그 반대가 타당하다. 적은 죽여야 마땅한 것이다. 구약성서도 이 명령이 어떤 사람도 죽여서는 안 된다는 것을 의미하지 않음을 분명히 알게 해준다. 즉, 이 명령은 자기가 속해 있는 민족의 일원에 대해서만 타당한 것이다. 성경은 그 이외의 사람들에 대해서는 다음과 같은 점이 타당하다고 말한다.

오직 네 하나님 여호와께서 네게 기업으로 주시는 이 민족을 성읍에서는 호흡 있는 자를 하나도 살리지 말지니, 곧 헷 족속과 아모리 족속과 가나안 족속과 브리스 족속과 히위 족속과 여부스 족속을 네가 진멸하되 네 하나님 여호와께서 네게 명령하신 대로 하라. 이는 그들이 그 신들에게 행하는 모든 가증한 일을 너희에게 가르쳐 본받게 하여 너희가 너희의 하나님 여호와께 범죄하게 할까 함이니라(신명기 20, 16~18).

이 구절에서는 살인하지 말라는 명령도 "다른" 도덕을 가지고 있는 사람과 민족은 압제하고 박멸할 수 있음을 분명히 하고 있다. 일정한 징후 하에서는 살인이 도덕적으로 잘못된 것이지만 다른 징후 하에서는 도덕적으로 옳은 것이 된다. 이에 관해서는 이 장 마지막 부분에서 다시 다루기로 한다.

요컨대 이웃사랑은 제한적으로만 실천 가능하다. 우리 중에 대부분이 아프리카의 굶주린 아이, 아시아의 재난 희생자들을 위해 다소간의 금전을 기부하거나 세계 어느 곳이든 정치적으로 수감되어 있는 자의 식비를 위해 가두시위를 할 자세가 되어 있다는 사실도 이 제한을 뛰어 넘어갈 수 없다. 그와 같은 행위들은 우리에게 큰 비용을 요하지 않는다. 멀리서 약간의 도움을 주면서 선한 양심을 가지는 일과 현장에서 참여하면서 고도의 위험 속으로 들어가는 일은 서로 다르다. 뿐만 아니라 베를린이나 빈 또는 취리히에서 중국이나 이란의 정치적 수감자를 위해 거리로 나가는 일과 석방 후 그들을 자기 집으로 영접하는 일은 다르다. 오해하지 말기를. 나는 여기서 극빈자들을 위해 아무것도 기부해서는 안 된다고 하거나 지구상의 어디에선가 이루어지고 있는 정치적인 전횡에 대해 시위를 해서는 안 된다는 점을 말하고자 하는 것이 아니다. 근본 토대를 보자는 것이다. 독일의 철학자 벡커Werner Becker(1937~2009)가 말한 **원거리 윤리의 환상주의***fernethische Illusionismus*에 현혹되어서는 안 된다. 우리가 현실에서 실천할 수 있는 것은 **근거리 도덕**Nahmoral뿐이다. 하지만 이 역시 항상 그런 것도 아니고 모든 상황에서 그런 것도 아니다. 이러한 맥락에서 보면 앞에서 언급한 다윈의 비전도 현실적이지 않은 것으로 드러난다.

도덕과 대중

미국의 진화생물학자 리처드 알렉산더Richard Alexander는 자신의 저서 『도덕체계의 생물학』에서 인간의 계통발생사 가운데 가장 최근의 단면에서 인간의 주된 특징인 적대적 힘의 원천은 자신과 다른 인간을 마주 대하고 있다는 사실이라고 말하고 있다. 그 다른 인간은 계속 추가되고 있듯이 앞으로도 꾸준히 더 많아질 것이다. 오늘날 인간이라는 종은 약 60억 이상의 개체로 이루어져 거대 포유동물 가운데서도 기록적인 숫자를 자랑하고 있다. 네 가지 유인원(침팬지, 보노보, 고릴라, 오랑우탄)을 모두 합해도 그 개체 수는 36만에 지나지 않는다.

오늘날 문명화된 인간은 앞서 언급한 일차집단 또는 공감집단과도 양적으로나 질적으로도 근본적으로 다른 익명의 대중사회에서 살고 있다. 여기서 우리는 그와 같은 익명의 대중사회에서의 삶을 준비하지 않았고, 마음은 여전히 소규모의 집

단적 존재에 머물러 있다는, 원칙적이고 심각한 문제에 초점
을 맞추어야 한다. 이 점은 우리가 각자 통상적으로 얼마나 많
은 자들과 개인적 접촉을 하고 있는지를 떠올려 보기만 하면
알 수 있다. 우리가 통상 접촉하는 자들의 수는 매우 제한적이
어서 고대의 소규모 집단 정도밖에 되지 않는다. 물론 일상생
활이나 직업생활에서 그보다 훨씬 많은 사람들과 관계하는 것
이 보통이지만 대부분의 경우 짧고 피상적인 일회적인 만남에
그친다.

　나는 내가 정기적으로 물건을 사는 슈퍼마켓의 계산대 여직
원들을 알고 있고 그들도 오래전부터 나를 봐왔을 것이지만,
우리는 서로에 대해 아무것도 알지 못할 뿐 아니라 보다 친밀
하게 개인적 접촉할 기회는 더더욱 가지지 못한다. 강연활동
의 폭이 넓어져 나는 여러 나라에서 헤아릴 수 없이 많은 사람
들과 함께하지만―내가 강연한 나라의 숫자만 하더라도 소규
모 집단의 개인들의 숫자를 능가하지만―대부분은 강연회 뒤
의 저녁식사와 한담의 기회를 가지는, 짧고 일회적인 만남에
불과하다. 심포지움에서는 더 자주 그리고 정기적으로 만나는
동료들이 있지만, 그 숫자는 훨씬 적다. 그 사이에 내가 오래
전부터 알고 있던 자들 중 일부는 친구라고 말해도 좋은 자들
도 있다. 특정 주제 때문에 계속 만나게 되는 "친구 후보군"이
그렇다. 그러나 다른 모든 피상적인 만남에 관한 한, 대부분의

경우 아쉽게도 일회적인 만남에 그치고, 그때그때의 사람들에 대해 개인적으로 아는 것이 거의 없으며, 그 이후의 접촉은 더 이상 이루어지지 않는다.

또 다른 한편으로 우리가 출발점으로 삼아야 하는 점은 우리가 더 많은 수의 사람들과 개인적인 친분관계를 맺는 일을 더 이상 감당할 수도 없다는 점이다(이 역시 우리가 소규모 집단의 존재이기 때문이다). 콘라드 로렌츠Konrad Lorenz라는 이름을 가진 한 사람이 있었다. 그 자는 대화중에 항상 "친구"를 운운했었고, 자기 "친구들"이라고 강조하는 자들이 매우 많았다. 어떻게 해서 그렇게 친구들이 많으냐는 질문에 그는 이렇게 답한 적이 있었다. "많기는 해. 그렇지만 실제로 자주 만나는 친구는 드물어." 이 대답은 단순한 일화적인 차원의 대답을 넘어선다. 이 대답은 진화적으로 근거 있는 사실, 즉 우리가 실제로 가깝게 지낼 수 있는 사람은 비교적 많지 않음을 나타내고 있다. 우리는 알고 있는 많은 다른 사람들에 대해 그들이 우리의 친구들이며 그 "우정"을 믿어 의심치 않는다고 아무렇지도 않게 생각한다. 하지만 누군가를 1년에 한두 번씩 만나 멋진 저녁시간을 보내는 것과 그 자를 지속적으로 자기 곁에 있게 하는 것은 다른 일이다. "친구"라는 표현이 과도하게 사용되고 있기는 하지만(이러한 현상은 앞의 로렌츠의 경우에 국한되지 않는다), 우리 각자에게 매우 제한된 수의 "실제" 친구가 있을 뿐이라는 점을 언어적 미사여구가 감출 수는 없는 일이다.

익명의 대중사회에서도 개인은 소규모 집단생활 속으로 돌아가 집중적으로 접촉하는 사람의 수가 소수에 지나지 않는다는 점은 분명하다. 우리 모두는 여전히 일차집단 또는 공감집단 안에서 살고 있다. 그래서 우리는 많은 낯선 사람들과의 만남에 대해 못 견딜 정도는 아니지만 여러 면에서 사회적 압박으로 느끼는 경우가 있다. 내가 즐겨드는 예가 만원 전철의 사례이다. 우리는 대도시 특정 시간대의 상황, 즉 많은 사람들이 대중교통 수단 속으로 떠밀려 들어와—이렇게 표현하는 것이 맞으리라—서로 발이 밟히고 부딪히며 땀 냄새까지 참아내야 하는 상황을 잘 알고 있다. 이 모든 일이 악의로 벌어지는 것은 아니지만, 불편한 것만은 분명하다(단지 빨리 귀가하고 싶은 마음뿐이다). 일반적으로 이러한 상황에서 우리는 어떤 기분이 들게 될까? 이렇게나 많은 동종의 인간이 그렇게도 협소한 공간에 함께 운집해 있는 것이 설마 즐거운 일일까? 서로 모두에게 조심스럽게 손을 내밀고 싶을까? 앞서 기술한 상황에 처해본 개인은 이러한 물음들에 대해 어떻게든 답을 할 수 있을 것이다. 나는 개인적으로 전차 안이 너무 꽉 찰 경우에 다음 정류장에서 내려 도보로 걷곤 한다(이것이 원래 건강에도 더 좋다).

도시 안 익명의 대규모 집단 사회에서—신석기시대에는 전체 인구가 1천만 수준을 넘지 않았지만, 오늘날에는 지역 인구만 해도 3천만을 넘는 곳도 있다―"고전적" 의미에서의 사회 통제는 더 이상 작동하지 않는다. 도움을 요청하는 사람에게 도움을 주려고 급히 달려가는 일도 항상 상책인 것은 아니다. 왜냐하면 잠재적 희생양을 유혹하기 위해 도움이 필요한 것처럼 속이려는 경우도 있을 수 있기 때문이다. 뿐만 아니라 대규모 도시 사회에서 많은 사람들은 그들과 "함께 사는 사람"들의 문제에 처음부터 상관하지도 않으려고 한다. 그들은 이웃이 늘 그 딸을 때리거나 어떤 노인이 자기 집 문 앞에서 기진맥진해 있는 것을 보지도 듣지도 않는다. 그런 것을 알게 되면 신경이 쓰일 수 있기 때문이다.

구조의무의 불이행에 대해 형벌이 부과되어 있다는 사실도 아무런 의미가 없을 경우가 많다. 예컨대 많은 사람들은 이웃 집의 개가 자기 집 계단에서 똥이나 오줌을 누는 경우에는―이러한 "불결함"(이렇게 따옴표를 치는 이유는 개가 한 행위이기 때문)에 대해서는 참을 필요가 없는 게 당연하다(너그럽게 봐주지 말아야 한다)―훨씬 더 진지해진다. 우리는 우리 주변에서 질서와 도덕의 대명사와 같은 선남선녀들을 알고 있다. 하지만 이들은 대부분 위험한 인물을 대표하는 자로서 일상 속에서 피하는 게 상책이다. 왜냐하면 이들은 주어진 정치적 상황을 열심히 쫓아가는 들러리 정치인이나 비열한 밀고자로 변해가기 때문이다.

그 구성원의 수가 점점 많아져 집단이 커지면, 그 사회적 결속은 강해지는 것이 아니라 오히려 약해진다. 그렇게 되면 유사가족이 만들어질 가능성도 그만큼 더 높아지게 된다. "정상적"인 시기에 대중사회의 개인은 자신이 신뢰하는 안식처로 돌아가고 싶어 하지만, 사람들은 앞서 언급한 이유 때문에 그에게 화를 낼 수도 없다. 물론 대중사회에서도 사람들은 최소한의 관여를 기대할 수 있을 것이다. 왜 그럴까? 이미 암시하였듯이 우리는 공감과 감정이입을 할 수 있는 능력을 가지고 있고, 사회생물학적인 진화를 통해 보충적으로 **양심**까지 가지게 되었기 때문이다. 괴로워서 힘들어 하는 사람이 있다면, 그가 우리에게 전적으로 낯선 사람이라 하더라도 우리들 대부분은 냉혈한에 머물지 않고 그에게 공감을 느낀다. 잘 알다시피 영화나 소설에 등장하는 많은 인물들은 비록 그들과 그들의 운명이 임의로 만들어진 것임에도 우리를 아프게 한다. 하지만 우리는 감정적으로 무제한의 적재능력을 가지고 있는 것이 아니기 때문에 대중 가운데에서는 아픔을 담당하는 감정적 기제가 쉽게 움직이지 않는다.

몇 년 전 빈에서 다음과 같은 상황을 겪었다. 러시아워 시간대의 지하철 정거장에서 한 젊은 여성이 비틀거리다가 쓰러져 버렸다. 특별히 이목을 끌 정도는 아니었지만 그 여성은 숨을 잘 쉬지 못했고, 자세히 보면 보통의 만취상태로는 보기 어려운 징후를 드러내고 있었다. 때마침 내 휴대폰의 배터리는 방전되어 있어서 나는 부득이하게 다른 사람이 구조전화를 해주도록 요청해야만 했다. 하지만 여의치가 않았다. 여섯 사람인가 일곱 사람인가에게 요청한 후에야(이들은 한마디 대꾸도 없이 신속하게 지나가 버리거나 휴대전화를 가지고 있지 않다는 듯, 유감스러운 표정을 지었다) 구조를 해주겠다는 사람이 나타났다. 그 젊은 여성은(물론 결코 아무도 보살펴주지 않는, 버림받은 사람 같지는 않았다)은 마약을 과다 복용하였음이 밝혀졌다(자살을 하려고 했을지도 모른다). 무엇 때문에 많은 사람들이 그녀를 도와줄 것을 거부했을까? 혹여 그들은 구조요청에 응함으로써 무엇을 희생해야 했을까?

대답은 어렵지 않다. 물론 많은 사람들이 낯선 자 때문에 어떻게든 곤경에 처하게 되는 것을 원치 않았기 때문이라는 탓도 있겠다. 하지만 이 점을 차치한다면(앞서 전개된 내용을 참조), 군중 속의 개인들이 각자 책임감을 지니지 않았기 때문이라고 할 수 있다. 사람들은 누군가가 다른 사람이 도와줄 것이라는 추측만 할 뿐, 아무도 직접 나서지 않았다.

한 가지 예를 더 들어보자. 뉴욕 맨해튼 한가운데에서 급경사 내리막길을 상당한 속력으로 달리던 자전거가 행인과 충돌하였다. 자전거 운전자는 넘어졌지만 간신히 몸을 일으켰고, 행인은 아스팔트 바닥에 뒤통수를 부딪쳐 움직이지 못하

114

고 누워 있었다. 죽은 듯 보였다. 구급차는 놀라울 만큼 신속
하게 현장에 나타났다. 구조대의 의사가 바닥에 누워 있는 자
에게 매우 태연하게 다가가더니 머리 뒷부분의 상태를 (위에
서 아래로 내려 보며) 검사하기 위해 발(!)로 누워 있는 자를
뒤집었다. 나중에 내가 이 광경을 빈에 있는 한 지인에게 말
해주었더니 그는 내 말을 믿으려하지 않았다. 뮌헨에 사는 한
영화감독은 내 이야기를 금방 믿었다. 그는 다큐멘터리 성 영
화 하나를 보여주었는데, 그 영화는 로스앤젤레스의 구조대
차량의 운전자들과 의사들의 행태를 보여주면서 내가 뉴욕에
서 목도했던 바를 확인시켜주었다. 나는 그와 같은 영화를 본
적이 전혀 없었지만, 거기에 얼마나 비판적인 잠재력이 담겨
있는지를 알 수 있었다. 오해가 없기를 바라며, 뉴욕의 모든 구
조대의 의사가 사고의 피해자를 먼저 자기 발로 "툭툭 건드려
본다."는 사실을 일반화하여 받아들이는 것이 아님을 먼저 말
해둔다.

　이 예가 일회적인 것에 불과하다고 하더라도 우리에게 생
각거리를 주는 것만은 분명하다. 하지만 왜 나뿐 아니라 다
른 사람들도 뉴욕의 그 구조대 의사의 행동에 분개하는가?
그것은 바로 우리가 소규모 집단의 생활 속에서 획득한 기대
를 무의식적으로 대중사회에 그대로 투사하기 때문이라고
생각된다.

무방비상태에 속수무책으로 누워있는 우리 씨족의 구성원들은 조심스럽게 다루어야 한다. 문화적으로 전통이 된 규범들은 이러한 "명령"이 일정한 가치를 지니게 된 일에도 기여한 것이 확실하다.

상호주의에 근거한 소규모 집단의 규칙을 익명의 대중사회에 그대로 적용할 수는 없다. 물론 대중사회에도 일정한 감정적 근본구조가 뿌리를 내릴 수도 있겠지만, 사실상 익명의 대중사회에서 각자는 서로 간에 이웃이지만 이방인들 가운데 있는 이방인이다.

우리는 모든 사람에게 무제한의 도움을 줄 수 없다. 하지만 우리가 대중 속에서 지인이나 오래된 친구를 알아보게 되면, 그로 인해 충만한 만족과 기쁨을 느끼게 된다.

세계 모든 곳에서 사람들이 인위적인 소규모 집단을 만들고 있는 것은 우연이 아니다. 타인들 속에서는 공동의 출신지나 공통의 언어가 사회적인 결속을 제공한다. 예컨대 **동물의 삶**_Tierleben_으로 많은 세대를 열광하게 한 동물학자이자, 저술가인 브렘Alfred Edmund Brehm(1829~1884)은 『수단에서의 여행_Reisen im Sudan 1847 bis 1852_』에 대해 그리고 당시의 카르툼Khartum 생활에 대해 다음과 같은 흥미로운 보고를 하고 있다.

자, (…) 카르툼에 와 보라. 여기에 살고 있는 유럽인 집단에 들어오기 위해서는 추천장도 필요 없고, 오래 사귈 필요도 없다. 이곳의 한 사람이 이해하는 언어로 "여러분, 나는 유럽인입니다."라고 말만 한다면, 그 신참자를 모든 유럽인의 집에 데려가기에 충분하다. 카르툼에서 유럽인의 일상언어는 프랑스어, 이탈리어이다. 이러한 언어들 중에 한 가지를 조금만 할 수 있으면 고향사람으로 신뢰한다. 한참 동안이나 대화를 나눈 후에야 비로소 "선생은 어느 나라 사람이요?"라고 묻는다(Brehm, 1983, 163쪽).

브렘은 이러한 우리-의식의 배경에 관해 한 가지 면을 더 설명하고 있다. 그에 의하면 카르툼에 있는 유럽인들을 하나로 묶는 끈은 그들의 고향에 대한 추억이라고 한다. "그렇게 많은 서로 모순되는 성격들은 각자의 고국 어디에서도 매력적이지는 않을 것이다. 친숙한 언어, 도덕, 관습이 가지고 있는 힘이 필연적으로 그들을 일치단결하여 함께 살 수 있도록 해준다." 오늘날에도 여전히 카르툼에서는 바이에른 출신과 베를린 출신이 혹은 티롤 출신과 부르겐란드 출신이 그들 각자의 고향에서보다 더 가깝게 지낼 것이다.

우리가 사는 이 도시들에서는 서로 함께 모여살기 좋아하는 사람들이 낯선 땅에서의 "결속"을 서로 다지기 위해, 게토라고

까지는 확대 해석할 필요가 없겠지만, 소위 이주한 자들의 섬을 만들어 가고 있는 현상에 대해 그리 놀랄 필요가 없다. 또한 여기에서 수많은 정치적 폭발요인이 점화될 수 있다는 점도 특별히 강조될 필요가 없다. 도화선은 이미 불붙고 있다. 그러나 유감스럽게도 독일, 오스트리아 그 밖의 다른 나라들의 정치인들은 오랫동안 이 문제를 흐지부지 뭉개왔다. 한편으로는 순진한 "다문화"-이데올로기로, 다른 한편으로는 부르카-금지(와 무시할 경우 형사처벌)로 대처하고 있다. 즉, 한쪽에선 똘레랑스를 실현할 것을 주장하면서도 다른 한쪽에선 독자적인 문화정체성이 훼손될 것을 염려하는 것이다.

이렇게 우리 자신과 우리 정치인들이 속수무책인 상황에서는 도움을 받아야 한다. 이러한 속수무책은 혼란을 빚어내고 있는 의견들과 어디로 튈지 모르는 과도한 요구들에서 극명하게 드러난다. 독일의 옛 수상 헬무트 슈미트는 이 문제를 ― 광범위한 문화사적인 관점을 배경으로 하여―직설적으로 드러낸 몇 안 되는 인물 중 하나이다. 그는 2010년 3월 1일 자 오스트리아 일간지 『쿠리어*Kurier*』와의 인터뷰에서, 비非이슬람 사회에서 소수 이슬람인들과 함께 살아가는 일은 현실적으로 상호 간에 너무나도 큰 차이 때문에 항구적으로 개연성이 없는 것으로 보인다고 하였다. 그는 오늘날 거의 모든 무슬림 국가들이 1990년대 이전까지 유럽 산업국들의 식민지였다는 점을 지적하면서, 오늘날 서구 사상가들의 가장 큰 착각 가운데 하나는 자신들의 민주주의가 전 세계에 확산되어야 한다는 신념 속에 빠져 있는 것이라고 말했다. 이 점에 관해서는 깊이 생각해봐야 한다. 하지만 우리-의식을 가지고 위험한 게임을 일삼는 어두운 선동가들에게 이러한 숙고를 맡겨서는 안 될 것이다.

우리는 우리의 계통발생사적 지참금에 항상 주목해야 한다. 우리는 합리적인 존재가 아니지만, 우리가―혹은 우리 중에 많은 이들이―그렇게 보이도록 만들고 있다. 진화의 역사를 매우 희미한 외피로써 둘러싸고 있는 오늘날의 문명화시대에도 우리는 석기시대 두뇌의 덫 속으로 계속 터벅터벅 걸어 들어가고 있다. 사회생활에서도 우리는 친구 아니면 적이라는 고대의 이분법적 사고를 여전히 유지하기에, 이와 관련해서는 다른 동물과 아무런 차이가 없다. 다양한 동물들의 집단생활에서 집단에 낯선 동종들이 대부분 우호적으로 취급되지 않는 것과 같은 이유이다. 우선 킁킁거리며 냄새를 맡은 후 그 "낯선 존재"를 점차 받아들이거나 즉시 추방해 버린다. 폐쇄적인 동물집단은 어느 정도 안정된 통일체를 이루고 있어서[제1장 참조], "낯선 요소"를 쉽게 용인하지 않는다. 어떤 늑대 무리들도 자기 집단을―어떤 이유에서든―떠난 늑대를 지체 없이 받아들이는 경우란 없다.

고대의 신앙이나 유대-기독교 신앙의 전통에 뿌리박고 있는 이데올로기, 즉 인간은 다른 포유동물에 비해 전적으로 다른 "우월한" 지위를 가지고 있다는 이데올로기는 우리를 현혹시켜 잘못된 자아상을 심어 주었고, 이러한 자아상은 그 이후의 세기에서 철학자, 사회학자, 교육학자 그리고 정치인들에 의해 풍자적으로 희화화되었다. 인간은 오로지 자기 자신이 속해 있는 사회적·문화적 사실들의 산물로만 여겨졌고, 바로 그러한 사실들 역시 그 본성 깊이 내재해 있는 충동에 의해—전적으로 결정되는 것은 아니지만—영향을 받는다는 점을 전적으로 간과해버렸다.

인간은 자신의 본성이 자신에게 허용하는 만큼의 문화를 만들어낼 수 있다. 동서남북에 있는 인간사회의 입안자, 집행자, 개혁가들은 스스로를 뛰어넘을 수 있다고 믿고 있다. 하지만 이러한 믿음은 그들이 인간본성 일반에 관해 아무것도 아는 바가 없는 데서 나온다. 그들의 본성이 다른 이들을 부분적으로나마 매우 고통스럽게 할 고약한 장난이나 지속적으로 치지 않는다면 그나마 다행일 것이다. 어떤 이는 우리가 통제할 수도 없는 우리의 고대의 행동 동인에 대해 알게 된들 도대체 무슨 유익함이 있는지 물을 것이다. 우리는 그러한 동인의 효과를 항상 염두에 두어야 하고 따라서 우리의 사회구조 및 정치적 구조 그리고 그와 결부된 도덕적 요구들을 그러한 동인들과 조화를 이루게 하여야 하는 점에서 우리에게 이로움이 된다.

　다시 한 번 강조한다. 우리는 익명의 대중사회에서 삶을 살도록 태어난 것이 아니다. 우리는 비교적 유연한 적응력을 가진 종이기 때문에 익명의 대중사회에서의 삶에 어느 정도 맞추어 갈 수 있다. 하지만 상대적으로 매우 협소한 한계 내에서만 그러할 뿐, 우리는 그 한계를 자세히 측량할 수도 없다. 그동안에 있었던 광란적 살해행위들, 시민전쟁, 테러공격, 유혈시위 그리고 개인적으로 감지되는 과도한 부담(특히 통계상 그 빈도가 증가하고 있는 **소진증후군**_burn-out-syndrom_에서 표명되고 있는 현상)이 이러한 한계에 곧 이르게 되거나 이미 한계에 도달하였다는 신호를 보내고 있다. 오늘날 모든 생활 영역에서 그 한계에 이르는 진행 속도가 빨라지고 있다. 따라서 생활 및 가족상담자, 투자상담인, 건강전도사, 피트니스트레이너, 보험 관리인 등이 유래 없는 호황을 누리고 있다. 오래전부터 알려진 도식은 이렇다. 먼저 개인에게 금치산선고를 내린 후 그에게 원조의 손길(물론 그 대가 비용을 지불해야 한다)을 내민다. 하지만 현재로선 아직 현실적으로 작금의 상황에 비견할만한 선례는 없다.

　경제학자이면서 철학자인 코어Leopold Kohr(1909~1994)의 **작은 것이 아름답다**_small is beautiful_는 구호와 **느린 것이 아름답다** _slow is beautiful_는 구호는 문제해결의 핵심을 포함하고 있다.

나 역시 유일한 희망은 개인에게 자기실현의 가능성을 극대로
제공할 수 있는, 자기관리와 자기책임이 주가 되는 소규모 단
위로 인간의 사회 및 경제시스템을 조직하는 일일 것이라고
생각한다. 인류는 외견상 점점 더 가까워지고 있는 것 같다. 하
지만 겉모습이 사람을 속이는 법이다. 인류의 폭력적 사회시스
템과 경제시스템은 언제든 터질 수 있는 거대한 풍선이고, 출
구를 전혀 알 수 없어 곧장 재앙으로 치닫게 될 위험한 실험이
다. 어떻게 방향을 전환하여 이를 피해야 할지에 대해서는 미
국의 정치학자인 마스터스Roger Masters의 생각에 동의하지 않
을 수 없다. 그는 다음과 같이 적고 있다.

> 상황들을 매우 이례적으로 조합할 것이 요구되고, 그로써
> 우리 포유동물들이 관료주의적 정부와 사회를 광범위하게
> 유지할 것이 요구된다. 문명화된 세계에 살고 있는 자들은
> 국가가 제공한 집단적 재화들로부터 많은 이익을 얻긴 하
> 지만, 혁명적 관점은 그러한 사회시스템이 이론적으로나
> 실제적으로 많은 취약점을 가지고 있음을 보여주고 있다
> (Masters, 1988, 282쪽).

이와 같이 사회시스템의 취약성은 그 시스템의 크기와 그 시
스템이 발전하는 속도에 따라 다시 증폭된다.

우리가 큰 보폭으로 방향을 바꾸어 들어간 상황 속에서 당연히 도덕 주창자도 호황을 누리면서 가치들을 지키도록 경고한다. 이러한 경고가 교조주의적이고 전체주의적이며 절대주의적인 요청들에 근접하여 가는 것이 아니라면, 크게 나쁘지는 않을 것이다. 나쁘기보다는 오히려 그 도덕가가 가치 있다고 생각하는 것에 대해 이따금씩 성찰적인 태도를 보이게 될것이다. 인간의 가치들을 위로부터 강요하고 정치적으로 정당화하는 일은 과거에도 그랬지만 오늘날도 여전히 당연한 일로 여겨지고 있다.

도덕이 권력의 요소이거나 종종 권력의 시녀로 봉사하고 있음은 의심할 여지가 없다.

도덕과 권력

앨버트 아인슈타인Albert Einstein(1879~1955)은 모든 시대에 걸쳐 가장 중요한 물리학자였을 뿐 아니라 정치적·사회철학적·윤리적 문제에 대해서도 자신의 생각을 전개한 자였다. 뿐만 아니라 그는 매우 교훈적인 『나의 세계상Mein Weltbild』이라는 저서도 남겼는데, 여기서 비교적 길게 인용하고 싶은 내용이 있다.

아주 오래된 물음 하나가 있다. 사회가 수행하도록 기대하는 행위를 국가가 명령하는데, 양심은 불법적인 것이라고 비난하는 행위라면 어떤 태도를 취해야 하는가? 대답은 분명하다. 너는 네가 살고 있는 사회에 전적으로 종속되어 있다. 따라서 너는 사회의 명령에 복종해야 한다. 하지만 너는 저항할 수 없는 강제 하에서 행해지는 그러한 행위에 대해서는 책임을 질 필요가 없다. 이러한 견해가 정상적인 법 감정과 얼마나 상치되는지는 금방 알아차릴 수 있다. 외적 강제는 개인의 책임을 어느 정도 감소시킬 수 있지만 전적으로 제거될 수는 없다…… 우리의 제도, 법률, 미풍양속 등을 도덕적으로 가치 있게 만드는 것은 수많은 개인들의 법 감정이 밖으로 표출되는 데서 비롯된다. 제도들이 살아있는 개인들의 책임의식을 통해 지지를 받아 유지되지 않으면, 도덕적인 의미에서 그것은 아무런 쓸모가 없다 (Einstein, 1970, 14쪽).

　나는 이 말에 우리가 필요로 하는 것은 도덕적 개인주의라는 명제를 결부시키고 싶다(도덕적 개인주의에 관해 자세한 내용은 제5장에서 다시 다룬다).
　도덕은 언제나 권력을 정당화하였다. 이 점에 관해 여기서 더 이상의 근거를 제시할 필요는 없다. 왜냐하면 타인에 대해 권력을 행사하려는 자들은 언제나 그렇듯이 "더 높은 가치"를 전거로 끌어오고, 그들이 유지하고 관철할 수 있다고 느끼는 불변의 영원한 법칙들을 원용한다는 사실은 우리의 모든 역사가 보여주고 있기 때문이다.

"우리는 하나님을 믿는다."는 모토는 미합중국에서 단순한 사적인 종교적 고백이 아니라 미합중국을 적극적으로 "가치 의존적"인 나라로 이끌어 다른 나라들과 구별하려는 국민적 모토이다. 물론 나는 이 모토가 그 사이에 미국인들 사이에도 대립적인 논쟁의 대상이 되고 있음을 알고 있다. 그러므로 다른 한편으로 우리는 하나님을 믿지 않는다고 공공연히 고백하는 미국의 대통령을 생각할 수 없다. 물론 더 높은 불변적 가치의 원천이 언제나 하나님인 것은 아니다. **역사유물주의**에서 그러한 불변적 가치의 원천은 역사이고, 이 역사에 인류 역사의 발전을 규정하는 확립된 법칙들이 투사되고 있다. 누가 그리고 무엇이 역사의 법칙을 확립할 수 있을지는 아직 미지수이다.

물론 여기서 중요한 역할을 하는 것은 진보사상이다. 진보사상의 위험성에 대해서 나는 이미 나의 책에서 언급하였다(참고문헌 참조). 여기서는 한 가지만 언급해 두기로 한다. "진보"에 대한 객관적인 정의란 존재하지 않고, 진보를 인간의 삶의 "개선"과 동일시할 수 있다는 점에 의견의 일치를 볼 수 있다면, "개선" 역시 비판적인 성찰을 필요로 한다. 서구 산업사회의 생활형태가 유일하게 옳은 것이라고는 누구도 확신할 수 없다. 또 다른 한편으로 오늘날 전 지구는 서구 산업사회와 그 급격한 변동에 의해 유린되고 있고, 다른 생활형태—특히 상이한 대륙의 토착민족들의 생활형태—는 수용되고 있지 않다. 이른바 진보에 대한 믿음은 다음과 같은 도덕적 제국주의를 함축하고 있다. "후진적 민족은 도덕도 잘못되어 있다. 우리는 진보한 자들이기 때문에 그들에게 우리의 도덕을 명령해야 한다."

도덕이 더 상위의 원칙들 위에 기초하고 있다는 생각은 **형이상학**에 대한 인간의 요구가—나중에 습득되었긴 하지만 — 인간의 특징적 요소에 속하기 때문에 상대적으로 쉽게 관철될 수 있다. 지각할 수 있는 현상들의 "배후"에는 "다른" 세계도 존재한다는 믿음은 쇼펜하우어가 **호모 메타피지쿠스**Homo metaphysicus라고 적절하게 명명한 **호모 사피엔스**의 특징이다. 우리가 이 지구의 생물체에 대해 알고 있는 모든 것에 의하면—외계에 대해서 우리는 여전히 아무것도 알지 못하지만—실제로 인간은 사후에 저승이 있고, 저승에서의 삶이 있다고 믿는 성향을 가진 유일한 생명체이다(심지어 많은 사람들이 그것을 굳게 믿고 있다). 이러한 믿음은 다시금 인간의 **죽음에 대한 의식** 및 <u>스스로</u> 죽어야 할 운명과 관계가 있다. 우리가 우리의 실존이 한계가 있음을 알지 못한다면, 실존의 **의미**에 대해 자세하게 생각하지 않게 될 것이고, "영원히 살고" 싶은 소망도 가질 수 없을 것이며, "영원한 가치"를 필요로 하지도 않을 것이다. 침팬지나 개, 고양이나 말들은 영원한 가치를 필요로 하지 않는다.

형이상학적 표상을 품고 있는 생명체는 쉽게 속아 넘어갈 수 있다. 불변의 보편타당한 가치를 제공한다고 하는, "더 상위의 질서"에 대한 요구는 오로지 그들 자신의 권력욕구만을 관철시키려는 가짜 선지자와 협잡꾼에게 속아 넘어가기 십상이다. 침팬지와 늑대도 권력과 그 집단 내의 더 높은 지위를 "원한다." 하지만 이들은 그러한 권력이나 지위를 얻거나 방어할 때 집단의 다른 구성원들에게 "영원한 구원"이나 그와 유사한 것들을 약속하는 방법을 동원하지 않는다. 늑대 우두머리는 그들 무리들에게 "꿈을 꾸며대지는 않는 것"이다. 늑대 무리들에서는 매우 "평범한" 것(먹잇감을 감지하는 것)이 중요하기 때문에, 늑대 우두머리가 무리들을 잘못된 방향으로 이끈다면, 다른 무리들에 의해 금방 퇴진을 당하게 된다. 게다가 그 우두머리의 "결단"은 무리 중 다른 구성원들에 의해 처음부터 영향을 받는다. 우리의 정치적인 권력을 가진 자들의 경우는 그렇지 않다. 그들은 "퇴진"되거나 갈리게 될 때까지 그들의 "무리"를 수년 간 속이고 기망할 수 있다. 이러한 일도 그나마 민주사회에서나 가능하다. 독재국가에서는 미치광이 같은 권력자에 대해 일반적인 불만이 고조되기까지는 수십 년이 걸릴 수 있다.

그러한 불만은 과거와 현재가 보여주고 있듯이 종종 유혈적으로 진압되기도 한다.

인간은 늑대와 달리 추상적인 세계를 머리에 그리며 살 수 있기 때문에 (세속적·종교적) 지도자들의 약속에 본질적으로 감염되기 쉬운 존재이다. 계통발생사적인 특징인 집단동질성^{우리-의식}에 대한 요구는 권력을 정당화하는 경우 하나의 추동력으로 나타난다. 오스트리아의 철학자이자 이데올로기 비판가인 에른스트 토피치Ernst Topitsch(1919~2003)는 자신의 저서『인식과 환상Erkenntnis und Illusion』에서 결정적인 맥락들을 심오하게 분석하여 다음과 같은 결론을 내렸다.

신, 세계질서 또는 영원한 정의의 이름으로 행동하여 역사의식 또는 역사의 위대한 법칙들에 의해 보장된 최후의 승리를 확실히 할 수 있다는 확신은 개인이나 집단의 자기신뢰를 비상하게 강화한다. 역사적으로 사회적인 현실에서 나타난 결론은 물론 매우 다양하다. 존재하는 사회질서에 대해 이견이 없는 경우에는 그 질서가 우주적인 질서로 정착되는 것으로 생각되고, 때문에 이는 안정적으로 그 질서에 거꾸로 영향을 미친다. 그럼에도 불구하고 긴장이 생겨나면 대부분 양측은 저 고귀한 원칙들을 원용하는데, 이러한 원칙들은 갈등을 더 첨예하게 하고 타협을 어렵게 만든다. 하지만 타협 없이 자신의 입장을 관철하는 결단을 내리는 많은 자들도 그러한 근거 지움의 도움을 받아 자기주장을 정당화하고 모든 도덕적 의문점들을 옆으로 제쳐놓게 된다(Topitsch, 1979, 217쪽).

처음부터 스스로를 유일하게 옳은 단 하나의 도덕의 수호자로 생각하는 자들에게는 두 번째의 경우가 훨씬 더 쉽게 마음이 끌리게 된다.

도덕과 권력의 이와 같은 불행한 결합에 대해서는 주의를 기울여야 할 것이다. 이러한 결합은 새로운 것도 아니고, 내가 처음으로 지적한 것도 아니다. 하지만 도덕과 권력의 그러한 불행한 결합 때문에 우리는 도덕을 그만큼 더 적게 필요로 한다는 결론을 누구나가 도출하려고 하지는 않는다. 우리는 권력의 요구를 정당화하는 데에만 이용되는 도덕을 전적으로 포기할 수 있다. 이로써 우리는 도덕이 가지고 있는 매우 불쾌한 측면에 이르게 된다.

부패한 도덕

도덕은 부패하게 만든다. 항상 그런 것은 아니지만 매우 자주 도덕은 권력관계나 권력욕구의 구성요소가 되고, 권력관계나 권력욕구는—다른 징조 하에서—도덕적 재앙으로 느껴지는 상태를 야기한다. 하지만 유감스럽게도 우리는 너무 늦게 도덕적 재앙을 느낀다. 여기서 말하는 도덕은 우리-의식으로 환원될 수 있다. 이에 관해 생물학자인 베른하르트 페어벡Bernhard Verbeek은 자신의 교훈적인 저서인 『전쟁의 뿌리*Die Wurzeln der Kriege*』에서 다음과 같이 적고 있다.

우리-의식은 현실적으로 하나의 가장 강력한 결속으로서, 가장 깊은 감정들로 짜여 있고, 독자적인 형성력을 가진 의식들로 직조되어 있다. 우리-의식의 빛나는 재료는 영웅적인 과거의 환상적인 그림이 많은 황금으로 가공되어 있다. 물론 그 혐오스러운 뒷면에는 형형색색으로 번들거리는 실들이 무의미하게 뒤엉켜 있다. 그 복잡한 얽힘을 자세히 들여다보노라면, 우리는 역사의 외투 이면에 있는 엄청나게 많은 패배, 비열, 배반 그리고 범죄를 발견한다. 하지만 강력한 우리-의식은 그러한 분석을 금하고 싶어 한다. 같은 인종 사이에 특히 우선적으로 지각되고 있는 것만 — 특별한 예외는 차치하더라도—지적하면, 미사여구를 쏟아 붓는 정보들로 신경체계를 넘치게 만드는 화려한 열병식이 있다. 이는 또 다른 집단적 축제에 이르는 엔도르핀

이다. 깃발이 나부끼는 곳에서 이성은 승리의 트럼펫에 도
취되어 있다(Verbeek, 2004, 13쪽).

실제로 언제든지 그 반대 측면으로 되돌아갈 수 있는 도덕에
대해 어떻게 생각해야 하는가? 이는 질문을 다음과 같이 바꾸
어보면 더 분명해진다. 도덕원칙들을 가지고 있지만 그 원칙들
을 다른 사람들로부터 그들의 삶의 가능성을 강탈하는 데 이
용하는 사람들에 대해 어떻게 생각해야 하는가?

앞서 이미 강조했듯이 살인금지는 결코 모든 사람을 대상으
로 하는 것이 아니다. 합당한 상황이 주어지고 적의 모습이 주
어진다는 전제 하에서 살해금지는 **살해요구**로 바뀐다. 전시 상
황에서만이 아니라 평화 시에도 그렇게 될 수 있다. 지구상의
많은 나라에서 아직도 일정한 규칙성을 가지고 집행되고 있는
사형을 생각해 보자. 우리의 문명화에 대해 어떻게 생각하는
가? 문명은 세상에서 악과 투쟁하기 위해 시작되었지만, 이 과
정에서 다르게 생각하는 자를 박해하고 고문하며 살해하는 등
문명이 악으로 여기고 있는 수단들을 그대로 이용하고 있다.
도덕의 징후가 바뀔 수 있는 것이다. 일정한 조건 하에서 도덕
적으로 여겨지는 것이 다른 조건 하에서는 비도덕적으로 여겨
질 수 있고, 그 반대의 경우도 마찬가지이다. 우리-의식은 자
기 자신의 도덕관념을 최상의 것으로 여기도록 도와준다. 자

기 자신의 도덕관념과 함께할 수 있는 자만을 존중하고, 다른 모든 자들은 존중하지 않으며, 그들이 ("비도덕적"이기 때문에) 위험할 수 있거나 이미 위험하다는 점을 이유로 하여 긴급한 경우에는 그들을 제거한다.

우리 모두에게 약간의 자기비판은 적합할 수 있다. 왜냐하면 우리는 어느 누구도 다른 사람들이 방해할 권리를 가지지 못하는 올바른 "도덕세계"에서 살고 있다는 생각에서 벗어날 수 없기 때문이다. 뿐만 아니라 우리 모두는 일정한 전통 속에서 교육을 받았고, 바로 그러한 전통을 생활 속에서 유지해야 하는 일정한 가치들을 부여받았다. 이에 대해서는 누구도 반론을 제기할 수 없다. 어느 누구도 어떤 전통이든 그로부터 벗어나 성장할 수는 없기 때문이다. 문제는 우리가 이러한 토대 위에서 어떻게 다른 전통과 접촉하느냐에 있다. 게다가 독자적인 전통 속에서 성장한 우리 인간이 어떻게 "눈에 띄게" 처신하고 행위하느냐도 관건이다. 누구도 다른 사람의 자의적인 행동을 인정해서는 안 된다. 그것이 범죄적 행위가 아니더라도 마찬가지이다.

하지만 무엇인가를 인정하지 않는다는 건 아직 단호한 수단을 취한다는 걸 의미하는 게 아니다. 도덕적 근본주의자들은 부패한 도덕의 종착역이 어디인지를 우리에게 보여주고 있다. 예컨대 미국에서는 기독교 근본주의자이면서 급진적 낙태반대론자인 자가 태어나지 않은 생명을 보호한다는 이유로 낙태 수술을 행한 의사를 향해 총을 쏘는 사건이 발생하였다. 법정에서 그는 스스로 완고한 태도를 취했다. 그러나 다른 생명을 없애면서 생명을 보호하는 일은 왜곡된 도덕, 이중도덕의 전형적 사례에 해당한다. 미국인 의사의 경우보다 더 끔찍한 일은 독일의 윤리학자이자 법철학자인 훼르스터Norbert Hoerster에게 일어났는데, 그는 (너무도 일찍?) 일정한 사례에서 조력자살을 옹호하는 태도를 보였다. 그는 다음과 같이 말하고 있다.

> 나는 주최 측(니더작센 주 의사협회, 니더작센 주 의사재교육 아카데미 및 윤리와 의료 아카데미)으로부터 법철학 분야의 발표자로 어떤 학술회의에 초대를 받았다. 하지만 트리어의 가톨릭 아카데미에서 조력자살에 관해 발표하려고 하다가 폭력적 난동을 부리는 방해꾼들에 의해 발표가 저지되고 경찰의 보호 하에 그 도시를 떠나야 했던 때로부터 이틀 후, 나는 그 주최 측으로부터 초청 취소를 알리는 통보를 받았다(Hoerster, 1998, 187쪽 이하).

민주적인 대화나 토론문화가 정착되어 있는 마당에서도 이 정도이다. 이중도덕과 관련해서는 이러한 문제 영역이나 이와 유사한 문제 영역에서 많은 다른 사례들이 존재한다. 예컨대 급진적인 동물애호가들은 사람들을 협박하고 공격하여 그들이 인간 아닌 동물을 학대하지 못하게 한다. 이러한 경우 "학대"는 상대적이다. 선한 목적이 어떤 수단들을 정당화시키는 지에 대한 물음은 언제나 해결되지 않고 남아 있다. 감정이 있고 고통을 느낄 수 있는 동물에 대한, 세계 도처에서 일상화되고 있는 학대에 대해서는 맞서야 한다. 하지만 이러한 대항이─역시 감정이 있고 고통을 느낄 수 있는 동물인─인간을 손상시키거나 심지어 죽이기까지 하는 일로 나아가서는 안 될 것이다.

자기 자신의 도덕을 가지고 타인들에 대해 비도덕적인 행위를 정당화하는(그러면서 자신은 더 높은 도덕에 헌신하는 행위를 하고 있다고 말하는) 개개의 도덕의 주창자들도 이미 충분히 나쁘지만, 앞에서 언급한 도덕과 권력의 결합은 더 나쁜 케이스이다. 낙태를 한 의사를 총으로 사살한 급진적 낙태반대론자는─그 의사에게는 아무런 소용이 없지만─종신형을 선고받았다. 그로써 그는 장래에는 자신의 도덕관념을 폭력적으로 관철시킬 기회를 더 이상 가지지 못할 것이다. 그에 대한 종신형이 그 외의 다른 어떤 적극적인 효과를 가지게 될지는 여전히 의문이다. 하지만 자신들의 도덕적·절대주의적 주장을 자신들의 이데올로기적·권력적 지위를 기초로 삼아 타당하게 만들 수 있으면서도, 정작 자신은 유폐당할 위험에 직면하지 않

는 도덕의 수호자들이 훨씬 더 위험하다. 이 점에 관해 철학자
이며 교회 비판가인 미나렉Hubertus Mynarek은 다음과 같이 적
고 있다.

> 근본주의자인 지도자, 교황, 예언자, 정치인, 왕, 힌두교 종
> 교 지도자 등은 일반적으로 자신들이 절대적인 것을 임의
> 로 어떻게 할 수 없다는 것을 모를 만큼 어리석지는 않다.
> 아마도 그들 역시 절대적인 것이 존재하는지에 대해 자주
> 의심을 품거나 그것을 환상 혹은 "민중의 아편"으로 여길
> 정도로 냉소적일 수도 있을 것이다. 하지만 그들은 스스로
> 자신들이 가지고 있는 권력에 사로잡혀 있거나 도취되어,
> 그리고 "절대적인 것만이 능사다."는 점을 알고 있기 때문
> 에 상대적인 것들을 절대적인 것으로 고양시키고, 민족이
> 나 정당 혹은 인종, 교회 혹은 신앙, 이윤 또는 계급을 무조
> 건적인 최고의 가치로 만들어 무제한적인 존경과 숭배의
> 대상이 되도록 만든다(Mynarek, 1998, 29쪽).

도덕과 권력의 야합은 동시에 수많은 사람들을 그들의 권력
자들과 불행하게 결합시킨다. 이렇게 권력자들과 결합된 사람
들은 기꺼이 조정당하여 스스로의 주도권이 결여된 채로 그들
을 통제하려는 자들의 손에 자신을 내맡긴다.

얼마 전부터 나는 신문의 독자편지 란에 시선을 고정하곤 한다. 주로 매우 교훈적인 그 편지들에서 나는 일반적인 관심거리로 통하는 여러 주제들에 대해 다음과 언명들을 반복적으로 접하였다. "유럽연합이 문제를 즉시 해결하게 될 거다." "유럽연합이 문제를 해결할 때까지 기다리기만 하면 된다." "유럽연합이 이들 나라를 마침내 호되게 질책해야 될 때이다." 등등. 여기에는 자신들의 일을 상위 제도의 손에 맡기면서도 그러한 제도들이 자신들에 대해 금치산선고를 내릴 것(혹은 이미 오래전에 금치산선고를 내렸음)임을 알지 못하는 사람들의 구조요청이 문제되고 있다. 이러한 사람들에 대해서는 명백히 그리고 긴급하게 경고를 해야 한다. 왜냐하면 그들은 일반적으로 자신들이 스스로 할 수 없는 일이 해결될 것이라는 맹목적 믿음을 가지고, 상위의 제도나 상급기관의 은총에 자신을 복종시키기 때문이다. 민주주의에서는 잠을 자고 독재 하에서 깨어 있는 사람들이 있지만, 이들은 그 깨어 있는 상태에서 이미—아무것도 알지도 못하고 속수무책으로—민주주의에서도 조종되었음을 알아차리지 못하고 있다.

하지만 부패한 도덕도 결국은 도덕—그때그때의 도덕관념들—에 뿌리를 내리고 있다. 이것이 바로 도덕의 근본적인 딜레마이다. 도덕을 관철시키고자 하는 자는 누구라도 타인의 도덕을 침해할 위험을 몰고 온다. 절대적인 도덕을 향한 소망은 이러한 배경 하에서 보면 이해되지 못할 바가 아니다. 모든 사람들이 사실상 단 하나의 도덕을 옹호하려는 소망을 가진다면 모든 것이 훨씬 단순화될 것이다. 아닌가? 아마도 그럴 것이다. 하지만 그러기 위해서는 개별성, 개인의 창의성 그리고 (인간의) 삶의 다양성을 희생해야 할 것이다.

하지만 우리 인간은 태어날 때부터 삶을 통해 모든 좋은 것을 조종해 나가려고 하지만, 그를 위해 항상 새로운 전략을 발견하고 발전시키도록 만들어져 있다. 그 때문에 절대적인 도덕은 존재하지 않는다. 절대적인 것은 불안하게 만든다.

그렇다면 나는 도대체 어디에 의존해야 하는가? 어디에도 의존할 수 없다. 나는 항상 새로운 도덕적 해결방안을―협력과 상호적 이타주의를 보장하는 구조를 토대로 하여―발견하여, 그로써 타인과 어느 정도까지는 참을 수 있는 공동생활에 도달할 수 있다. 도덕적 타락을 제한하기 위해서는 절대적 가치와 규범과의 결별이 필수불가결한 조건일 것이다. 필요한 것은 절대적 도덕이 아니라, 그때그때 관여된 사람이 누구인지를 고려한, 개개의 협상된 도덕이다. 이에 관해 카니샤이더는 다음과 같이 적고 있다.

윤리가 보편적이지도 객관적이지도 않고 심지어 객관적으로 근거지울 수도 없다면, 이견이 있어도 본질적으로 공격할 잠재력을 상실하게 된다. 도덕적으로 격분하더라도 엽총을 집어 들지 않고, 코냑을 마시게 된다(Kanischeider, 2000, 15쪽).

이것이 도덕적 갈등에 관여된 모두에게 가장 적절한 해결이 될 것이다. 그들이 긴장된 상황에서 함께 코냑을 마신다면 최상일 것이다. 만약 그들이 술을 마시기를 거부할 경우에는 파스퇴르 우유나 엽차를 마실 수 있거나 미네랄워터를 가지고 건배할 수도 있을 것이다(알코올 대체품들이 동일하게 긴장을 완화하는 효과를 낼 수 있을지는 의문이지만, 관련된 사람들이 누구인지 그들의 생활습관이나 건강상태가 어떤지에 따라 달라질 수 있다).

하지만 도덕적인 이견이 개인들 간의 공격을 부채질할 뿐 아니라 전 국민을 전쟁으로 몰고 갈 수 있는 경우에는 어떻게 될까? 이미 답변한 바도 있으므로, 여기서는 몇 가지만 보충하기로 한다.

우리의 공격적 행동을 막을 수 있는 것은 공감과 양심이다. 하지만 이 두 개의 감정은 일정한 상황에서 꺼져버릴 수도 있다. 깃발이 휘날리는 경우에는 이성뿐만 아니라 인간의 모든 충동이 나팔소리에 따르게 된다. 제3제국 시대의 정신병자들과 같은 이들 가운데 다수는 그들이 자행했거나 공동책임이 있는 전율스러운 행위에 대해 사후에 아무런 후회의 감정을

제3제국

표현하지 않았다. 오히려 그들은 제2차 세계대전에서 패배하였을 당시 스스로를 피해자로 여겼다. "보다 적은 기준"만 가지고 보더라도 공감과 양심은 아무런 작용을 하지 않거나 여타의 많은 이들에게서 전혀 발전되어 있지도 않다는 사실이 밝혀진다. 피해자가 바닥에 널브러져 있음에도 불구하고 계속 발길질을 해대는 청소년들이 오늘날 대중매체에 등장할 때마다 우리는 매우 충격을 받는다. 이것이 바로 그들이다. 또한 원래 오랫동안 죽이려고 결심했던 피해자에 대해 그 이전부터 끊임없이 잔인한 고통을 주고 있는 (성인) 가해자들도 우리에게 충격을 주는 건 마찬가지다.

많은 사람들이 상상할 수 있는 가장 부정적인 방법을 동원하여 행동할 수 있음을 지적하는 것이 여기서 필요한 일은 아니다. 우리 모두는 이 점을 이미 알고 있다. 하지만 내가 여기서 강조하고 싶은 것은 공감과 양심을 "건강하게" 발전시키는 일은 개인에게 어떤 인격적 발현 가능성이 처음부터 부여되어 있는가에 따라 달라진다는 점이다. 이러한 경우의 귀감에 관해서는 이미 언급하였다. "정상적"인 상황에서 인간은 일정한 행위를 작위 또는 부작위 하도록 가르치는 감정적 구조의 위계질서를 스스로 조절할 수 있다. 이와 관련된 가장 인상적인 사고실험을 콘라드 로렌츠Konrad Lorenz는 다음과 같이 적고 있다.

가치가 상이한 일련의 생명체가 앞에 있다고 상상해 보자. 상추의 꼭지, 달팽이, 딱정벌레, 개구리, 도마뱀, 돌고래, 고양이, 개, 작은 침팬지가 나란히 있고, 이러한 대상들의 가치가 서로 다르다는 점에 대해 의문을 품고 있는 자가 그들 중 하나를 죽이라고 요구받고 있다. 누군가가 더 상위에 있는 동물을 죽이는 일을 상추의 꼭지를 자르는 일과 같이 쉽게 여긴다면, 나는 정말로 진지하게 그에게 요청하기를, 만약 다음번에 기회가 있다면 자살을 하라고 할 것이다. 왜냐하면 그런 사람은 공동체에 위험한 괴물일 것이기 때문이다(Lorenz, 1974, 288쪽).

"더 낮은" 동물과 "더 높은" 동물을 구별하는 일이 그 사이에 문제가 있는 것으로 인정해야 하더라도 달라질 것은 없다. 여기서 결정적인 것은 다음과 같은 점을 확고히 하는 것이다. 즉, 상추의 꼭지를 자르는 것과 동일하게 무심히 고양이나 작은 침팬지의 머리를 자를 수 있는 자는 가장 위험한 사람이고, 감정의 위계질서가 완전히 뒤엉킨 상태에 있는 자이다. 어린아이 때부터 그러한 자의 감정세계의 발전을 눈여겨보면서 필요한 경우에는 치료처우를 받도록 권장해야 한다.

문명화된 인간의 가장 큰 위험은―그에 관해서도 로렌츠가 지적을 하였는데―오늘날의 전쟁수행에서 집단살해를 자행한 자가 이 점을 지각하지 않고 자신의 공감과 양심을—만약 있다면—발휘하지 않은 점에 있다. 전투기의 조종사는 실제로 존재하지만 화면상으로는 잠재적으로만 나타나는 표적물을 향해 폭탄을 투하하는데, 그는 자기 행위의 효과를 직접 대면하지 않는다. 그는 어린아이의 한쪽 팔이 떨어져나간 결과를 보지 못하는 것이다. 군사용어 규정에는 "외과수술처럼 깔끔한 전쟁"과 "부수적 피해"와 같은 개념이 있지만, 이러한 개념들은 엄청나도록 부도덕한 짓거리를 은폐할 뿐인 말도 안 되는 개념들이다.

미래의 역사서가 만약 객관적인 사실에 초점을 맞춘다면 미국의 대통령 조지 부시George Bush를 범죄자라고 밝혀야 할 것이다. 아프가니스탄과 이라크에서 미국(과 그 동맹국들)의 개입을 통해 인류에 대한 또 다른 끔찍스러운 범죄가 유발되었고, 군사적 개입 자체는 수천 명의 사람, 특히 민간인들의 생명을 앗아가 버렸다. 텔레비전 뉴스에서 우리는 폭발이나 자살테러 사건들에 관한 아프가니스탄과 이라크 발 보도들을 여전히 계속 접하고 있다. 이러한 보도들은 이제 그 악명이 높아져 우리들 중 거의 대부분이 더 이상 알고 싶어 하지도 않는다. 그런 탓에 대부분은 우리의 관심을 끌지도 못한다. 지난 수십 년간 "서구의 세계질서(와 도덕!)"의 이름으로 이 두 나라의 사람들을 구하려는 시도를 해왔지만, 그들의 사정은 그 전보다 특별히 나아진 게 없다.

도덕은 항상 부패에 감염되었다. 이 점은 침팬지의 많은 행동양식을 통해서도 알 수 있다. 스스로 도덕을 독점하고 있는 것으로 믿은 적이 있었던 대부분의 사람들은 그에 상응하는 권력을 휘두를 수 있었던 동안에는 어떠한 잔혹함도 개의치 않았다. 황제나 왕, 영주나 백작, 교황이나 주교, 수상이나 재무장관 등은 모두 항상 **자기네들의** 도덕의 이름으로 다른 사람들을 희생시켜 부유해지려고 하였고, 마음에 들지 않거나 위험할 수 있는 자들을 제거하려고 하였다.

인간은 발견에 능한 생명체로서 자기 마음에 들지 않은 인간을 제거하는 다양하고 폭넓은 수단들을 발견하였다. 고문과 사형의 역사는 이에 대해 가슴을 짓누르는 증언을 제공해주고 있다. 오늘날에도 여전히 많은 나라들에서는 고문이 자행되고, 투석형, 가스형, 총살형, 교수형 등이 이루어지고 있다. 이러한 일들은 마약소지나 불명예스러운 간음 등과 같은 경미한 구성요건을 이유로 하는 경우가 드물지 않다. 여기서 특기할 만 한 점은 마약소지의 경우, 특히 마약제조가 돈벌이가 되는 나라들에서 매우 가혹한(종종 사형으로) 대응이 이루어지고 있다는 점이다. 이에 관해서는 뒤에서 다시 다루기로 한다.

이 모든 것들은 우리에게 더 이상 도덕이 필요 없다는 것은 의미하는 건 아니지만, 또한 많은 도덕이 필요한 것도 아님을 명백하게 보여주고 있다. 왜냐하면 도덕이 인간을 억압하고, 인간이 가진 것과 재산 그리고—극단적인 경우—인간의 생명까지 빼앗아가는 데 이용되는 것이라면, 우리는 그 도덕을 버려야할 것이기 때문이다. 도덕의 이름으로 손상을 입는 사람들 중에는 진정한 범죄(모살, 고살, 강도, 침입 등등)를 저지른 사람들도 있겠지만, (마약을 소비하거나 성을 구매함으로) 자기 자신의 행복을 높이는 것 이상의 것은 아무것도 하지 않으려는 사람들도 있기 때문이다.

하지만 입법자들은—그로써 스스로 부패한 도덕을 대표하는 자가 되어—개인의 임의적 행위들을 언제라도 모두 범죄화할 수 있다. 그들은 범죄를 짜 맞출 수도 있다. 이 말의 의미는 그 자체로 누구도 괴롭히지 않는 행위에 부도덕하다는 겉옷을 뒤집어씌울 수 있다는 것이다. 입법자들은 이렇게 하면서 항상 스스로 언급한 소인배 도덕주의자들, 즉 스스로는 인터넷에서 포르노 사진이나 동영상을 다운로드하거나 업로드하면서도 자기네들이 사는 주거지역에서 성매매 여성들과 마주치게 되면 과격하게 격분하는 자들의 지지를 찾아낸다. 하지만 결국 이나저나 마찬가지가 아닌가? 정치인들과 입법자들이 성매매를 범죄적 분위기로 몰아가지 않는다면, 그와 관련성 있는 많은 범죄들을 방지할 개연성은 매우 확실할 것이다. 많은 여성들(요즘은 남성들 역시?)이 성매매를 강요당하는 것은 분명하지만, 결코 모두가 그런 것은 아니다. 세상에서 가장 오래된 영업이 없어질 수 없다는 것은 분명하고, 그것이 금지되는 경우에는 비밀리에 행해질 것이다. 따라서 오히려 그것을 할 수 있는 유리한 전제조건들을 만드는 편이 나을지도 모른다. 이 영업은 제공자와 고객 간의 단기간의 매우 긴밀한 접촉 때문에 다른 많은 영업에 비해 다루기 힘들 수는 있다. 하지만 그것을 근본적으로 추잡한 것으로 바라볼 필요는 없을 것이다.

잘 알려져 있듯이 모든 추잡한 일은 매력을 발산하고 그것을 금지하는 것이 오히려 자극제가 된다. 널리 퍼져 있어서 일반적으로 용인된 행위양태나 관습들을 갑자기 금지하게 되면 범죄가 증가하는 것은 당연하다. 이에 관해 특별히 인상적인 사례는 1919년에서 1933년 사이의 미국에 있었던 금주법의 경우이다. 이는 모든 사람이 알코올을 기피하게 된 결과를 초래한 것이 아니라, 도리어 많은 사람들이 비로소 알코올을 소비하도록 고무해버렸다. 어디에선가 알코올 한 방울만이라도 섭취하려고 했던 사람들은 그 목적을 위해 놀라울 만큼의 협력적 자세를 보였다.

이는 놀라운 일이 아니다. 왜냐하면 상당한 수의 사람들이 무의미한 것으로 느껴서 거부한 금지를 피해 가는 유쾌한 경험이 문제될 경우에는, 일반적으로 단기간에 협력을 할 각오가 매우 높아지기 때문이다. 이는 동전의 양면 중 한 면에 불

과한 것이 아니다. 미국에서 금주법이 시행되는 동안 범죄는
급격히 증가하였다. 알코올의 불법적 제조, 유통, 소비는 많은
"부수범죄들", 특히 조달범죄에 영향을 미쳤고, 영업지분을 둘
러싸고 거리에서는 무장전투가 벌어졌다.

지나치게 많은 도덕은 쉽게 인간을 망칠 수 있다. 타인에 의
해 존중을 받고 타인도 마땅히 존중받아야 하는 자들임을 배
우는 공동체 안에서, 스스로 발전할 수 있는 기회가 주어져 있
는 자에게는 필요하지도 않은 도덕규정들이 많을 것이다.

제4장

인간은 얼마나 많은 도덕을 감당할 수 있는가?

우리는 어떤 자가 사람을 죽이면 신의 명령을 위반한 것이라고 한다.

이것이 맞는 말이라면 민중의 지도자들은 엄청난 범죄자이다.

왜냐하면 그들은 신의 이름으로 무수한 사람들을 죽게 하기 때문이다.

프란시스 M. 볼테르

개인의 삶은 명령과 금지를 내용으로 하는 규정들에 의해 점점 더 제한되어 가고 있음을 간과해서는 안 된다. 속아 넘어가서 옛날에도 그랬다거나 옛날에는 훨씬 더 심했다고 생각해서도 안 된다. 물론 그 옛날이 고·중세시대냐, 르네상스시대냐 혹은 19세기냐에 따라 다를 수는 있다. 지리적으로도 차별화되어야 한다. 하지만 오늘날, 특히 서구의 산업사회만큼 많은 법률들이 제정된 시기는 없었다. 법률이 당연히 도덕에 관계되어야 하는 것은 아니다. 예컨대 빈의 도심에서는 법률에 따라 모든 노천카페의 앉는 의자와 햇빛가리개가 통일적인 형식을 갖추어야 하는데, 이는 도덕적 요구가 아니라 거기에 정치적으로 책임 있는 자들이 규정에 대해 가지고 있는, 병리학적으로 과도한 기호에 불과하다. 물론 그럼에도 불구하고 법률을 도덕적인 표상과 전적으로 분리하는 것은 너무 단순하고 값싼 것으로 보일 것이다. 왜냐하면 앞 장에서 설명하였듯이 도덕은 권력욕구의 반영이므로, 법률을 고안한 모든 자들은 의식적이든 무의식적이든(직접적이든 간접적이든) 인간이 어떻게 살아야 하고 무엇을 해야 하며 무엇을 해서는 안 되는지에 대한 자신들의 생각을 전거로 이끌어 내고 있기 때문이다.

이 장에서는 개인이 자신의 삶을 규율하고 있는 규정들을 얼마나 많이 견뎌내는가에 대한 일반론을 전개해 보기로 한다. 이 문제는 양적으로 이해되어서는 안 된다. 즉, 도덕이 전체적으로 수학적인 크기로 정의되어서는 안 된다는 것이다. 이 문제에 관한 해답은 원칙적으로 우리의 도덕적 능력은 본성상 제한되어 있고 통상 우리는 도덕적인—혹은 도덕적으로 근거 지워진 것이라고 주장하는— 명령과 금지로부터 과도한 요구를 받고 있다는 점에 초점이 맞추어진다. **우리는 도덕을 필요로 하지 않는 것이 아니라 많은 도덕을 필요로 하지 않는다.**

이와 관련하여 유념해야 할 것은 사실상 많은 법률들이 좁은 의미의 도덕과는 아무런 관계가 없다는 점이다. 또 다른 한편으로 우리가 결코 간과해서는 안 될 점은 법률은 당위나 금지를 내포하고 있고, 이러한 한 법률은, 비록 입법자가 명시적으

로 도덕을 원용하고 있지 않더라도, 사실상 도덕원칙들의 구
체화로 이해될 수 있다는 것이다.

내가 마땅히 해야 할 것은 무엇인가?
─ 내가 할 수 있는 것은 무엇인가?

　윤리학 또는 도덕철학의 기초는 "내가 마땅히 해야 할 것은
무엇인가?"라는 매우 단순한 물음이다. 이 물음은 내가 도덕
적으로 올바르게 행위하기 위해 무엇을 해야 하는가라는 물음
이다. 임마누엘 칸트Immanuel Kant(1724~1804)는 이 물음에 대해
분명한 답을 내놓았다. 그는 1688년에 간행된 『실천이성비판
Kritik der praktischen Vernunft』에서─이 책은 서양 윤리학의
역사에서 이정표이다─인격의 자율성에 기초를 둔 **의무-윤리**
*Pflicht-Ethik*를 설명하였다. 이에 따르면 인간의 행위는 도덕
법칙에 대한 존중과 의무를 준수하는 경우에만 도덕적이라고
한다. 칸트는 도덕적 행위의 자유에 대해 확신하고 있었고, 도
덕적으로 행위하는 자가 자신이 사는 현 세상에서 자신의 도
덕성에 대한 보상을 받을 수 없기 때문에 공준으로 삼아야 하
는 것은 바로 도덕적으로 행위하는 자의 불멸성이라고 하였다.
　자신의 고향도시 인근을 한 번도 떠난 적 없고, 어떤 인격적

인 오류도 범하지 않은 것으로 알려진 쾨니히스베르크의 현자인 칸트를 우리는 엄격한 도덕주의 또는 **도덕적 절대주의**의 대표자로 분류할 수 있다. 물론 그가 그 자신의 협소한 세계인식으로부터 논증을 전개한 것으로 생각할 수도 있다. 하지만 그의 이후의 저작들을 보면, 비록 그의 개인적인 행동반경이야 매우 좁았지만(물론 당시로 봐서는 이례적인 것도 아니었다), 그의 정신적인 지평과 인간본성에 관한 인식은 매우 폭넓고 심오했음을 보여주고 있다.

여기서 그의 철학 전반에 걸친 비판적 평가를 시도하는 것은 주제넘은 일일 것이고, 이 책의 의도도 아니다. 하지만 우리는 칸트의 의무-윤리에 대해 관심을 가지지 않으면 안 된다. 칸트의 순수한 "의무적 도덕"은 우리의 진화론적 성향과 일치하지 않는다. 하지만 (평화 시의) "일반적인 병역의무"를 생각해 보면, 그의 의무 개념은 어려움에 부딪친다. 예컨대 오스트리아의 전직 연방대통령 중 한 사람이 제2차 세계대전 당시 자신의 활동이 문제되었을 때 내놓았던, "나는 나의 의무를 다했을 뿐이었다."는 답변은 "의무"와 관련하여 내가 접한 가장 불쾌한 것에 해당한다. 그가 만약 목숨을 부지하기 위한 것이었을 뿐이라 대답했더라면 달랐을 것이고 이해가 되었을 것이다(나는 내가 그 시대에 내 목숨을 구하기 위해 어떻게 했을지 알 수 없다는 이유만으로도 나는 그를 비판할 생각이 들지 않았을 것이다).

여기서 먼저 중요하게 다루어야 할 문제가 있다. "내가 **마땅히 해야 할 것**은 무엇인가?"라는 물음은 "내가 **할 수 있는 것**은 무엇인가?"의 물음이다. 이 물음에는 우리가 사람에게서 현실적으로 무엇을 기대할 수 있는가 하는 물음이 항상 선행해야 한다.

확실히 알 수는 없지만, 그 행태와 행위가 원시 계통발생사적(살아남은) 추동력에 의해 영향을 받은 생물학적 존재로서의 인간은 얼마나 많은 도덕을 감당할 수 있을까? 우리는 우리의 도덕적 능력의 한계를 염두에 두어야 한다. 이 한계는 기하학적 도형과 같이 정확하게 정의될 수는 없지만, 한계가 존재한다는 점만은 다툼의 여지가 없는 사실이다. 우리는 누구나 우리의 인식장치(뇌, 감각기관)가 한계를 가지고 있음을 인정한다. 예컨대 우리는 경제성장 지수에 관한 "감각"을 가지고 있지 못하고, 빛의 속도, 원소의 요소 그리고 그 밖의 경우를 (직관적으로) 표상할 수 없음을 인정한다. 이와 마찬가지로 우리의 도덕적 능력에는 한계가 있다. 우리의 인식기관이 "절대적 진실"을 인식하도록 프로그래밍 되어 있지 않고, 총체적으로 볼 때 삶에 적대적인 세계를 통해 인식기관의 "담지자"만을 조종하고 있듯이, 우리의 행동도 "의무"를 이행하도록 준비되어 있지 못하다.

이와 관련하여 내가 가장 잘 드는 사례는 어느 날 갑자기 하루에 두 시간의 수면시간만 허용하는 것이 도덕적 명령으로 확립된 경우를 생각해 보라는 것이다. 이러한 명령은—조그만 잘 생각해 보면—(도덕적으로) 다음과 같이 근거지울 수 있을 것이다. "우리의 일생 중에 3분의 1을 잠자는 것으로 보내서는 안 된다." "일을 더 해야 한다." "신과 우리의 사랑하는 사람들에게 봉사해야 한다." 등등. 어떤 도덕적 절대주의자는 (특히 그가 스스로 불면으로 괴로워할 경우라면) 앞의 이유들 가운데 몇 가지 이유를 마음에 들어 할 것이다. 그는 여기에 보태어 다음과 같은 몇 가지 인상적인 슬로건으로 동기를 부여받을 수 있는 바보 같은 자들을 찾아낼 개연성이 크다. "잠을 적게 자는 자에게는 살아 있는 시간이 더 많다." "오래자면 수명이 단축된다." "잠은 피부를 노화시킨다." 등등. 심지어 몇 가지 의학적 연구가 그와 같은 명령을 (적어도 겉보기에는) 뒷받침하게 되는 것도 추측해 볼 수 있다. 하지만 그와 같은 명령은 대부분의 사람에게는 작동하지 않을 것이다. 히틀러가 하루에 두 시간밖에 자지 않았다고 말하기도 한다. 하지만 그의 경우에는 무시무시한 결과가 있었다. 히틀러가 만약 자신의 인생 중에 대부분을 잠으로 보냈다면, 많은 사람들이 목숨을 부지할 수 있었을지도 모른다.

우리는 이러한 예가 지나치리만큼 사리에 맞지 않다고 말하지는 않을 것이다. 정통 가톨릭이나 이슬람 근본주의의 엄격한 성 도덕도 이와 다를 바 없이 작동한다. 이들의 성 도덕은 일생

동안 혹은 나이 들어 늙을 때까지 본성상 짝짓기 준비를 하는 종인 **호모 사피엔스**에게 그 자신의 본성을 거스르도록 명령한다. 또 다른 예로 들 수 있는 것이 항상 진실을 말하도록 하는 명령, 즉 거꾸로 말하면 칸트가 주장한 **거짓말-금지**이다. 칸트는 진실해야 하는 것을 인간의 의무라고 경고하였고, 거짓말이 본성에 반하는 것이라 보았기 때문에 다시금 조롱의 대상이 되었다. 칸트가 부모, 교사, 성직자들에 대해 절대적으로 진실하도록 요구함으로써 그들을 자극하고 경색시켰음은 놀랄 일이 아니다. 교부 아우구스티누스Augustinus(354~430)는 특히 강경했다. 그는 집 앞에서 강도나 살인자에게도 긴급한 거짓말을 허용하지 않았으며, 결론적으로 거짓말이 전체 인류를 구할 수 있었을 경우에도, 진실이 아닌 것을 말해서는 안 된다고 하였다.

아우구스티누스의 요구를 따를 것이냐 우리의 정치인들을 흉내 낼 것인가의 갈림길에 서게 되면, 우리는 좋든 싫든 후자를 따라야 할 것이다. 왜냐하면 진실 그리고 오로지 진실인 것은 우리 공동체의 단결을 위태롭게 하기 때문이다. 이에 반해 거짓말은 "진화론적 논리"에서 비롯된 것으로 인간의 자기보존에 기여한다. 진실을 말하는 것이 협력적 차원에서, 공동의 목표달성이라는 차원에서 중요하긴 하지만(타인을 신뢰할 수 있어야 한다), 적이나 경쟁관계에 있는 자에 대해서도 진실을 가지고 대하는 것은 현명하지 못하다. 우리는 예의상 거짓말을 해야 할 때가 많다. 그래서 우리는 절친한 자에게는 분명하게 혐오스러움을 느낀다고 무조건적으로 말해서는 안 된다.

우리의 친구들이 항상 거리낌 없이 우리에 관해 그들이 진짜로 생각하는 **그들의** 진실을 우리에게 말한다면, 우리는 그들을 어떻게 생각할까?! 예컨대 어느 정도 사회적 능력을 발휘하는 자는 직장동료에게 자신이 진짜로 그에 관해 생각하는 바(즉, 그가 얼간이 같다는 생각)를 말하는 것을 제어하게 된다. 이렇게 제어하는 것은 특히 그 동료가 공통의 상관과 매우 좋은 관계를 유지하고 있는 경우에 적절한 태도이다. 우리는 자신의 이야기를 과장되게 하여 진실을 정확하게 말하지 않는 유쾌한 이야기꾼을 알고는 있다. 그는 매우 멋지고 흥미롭게 이야기할 수 있고, 모험적인 이야기들을 언제나 새롭게 환상적으로 변형해서 말할 수 있다. 하지만 이럴 경우에 완고하게 진실만을 주장한다면 농담 분위기를 망치는 자가 될 것이다.

거짓말은 심지어 생명을 구하는 결과를 만들 수도 있다. 쉽게 흥분하여 세 번이나 심근경색을 일으킨 적이 있는 자에게는 문제가 있을 경우 진실을 말하지 말아야 할 것이다. 인간에 대해 심오한 통찰을 했었던 빌헬름 부쉬Wilhelm Busch의 통찰을 다시 한 번 상기해 보자.

누가 이 지구를

더 멀리까지 밟고 싶어 하랴

우리 지구인들이 언제나

진실만을 말한다면

너희는 우리에게 우리는 너희에게

사기꾼이고 악한이라고 하지만

우리는 우리 자신들을 치명적인 도구라고 말할 터

우리가 아직 술에 취하기 전에는

그러나 거짓말은 기망당하는 상대방에게 중대한 손해를 야기할 수도 있다. 예컨대 높은 수익을 얻는다는 약속으로 금전(또는 극단적인 경우 그들의 전체 재산)을 사취당할 수 있다(오늘날 널리 퍼진 현상이다). 많은 경우 그 기망당한 상대방이 자신의 탐욕에 희생된 것이지만, 그렇다고 해서 그것이 거짓말하는 자들의 기망을 정당화하지는 않는다. 다른 한편 우리 모두는 정치인들로부터 끊임없이 현혹되고 속아서 결국은 많은 돈을 잃어버리기도 한다. 물론 "사적" 거짓말쟁이와 "정치적" 거짓말쟁이에는 차이가 있어서, 후자의 경우는 공공의 복리에 도움이 되는 것처럼 꾸며 대고 쉽게 책임을 지려고 하지 않는다. 어느 쪽이든 모두 믿지 말아야 할 것임에는 틀림이 없다.

거짓말이 사회생활의 기본적인 구성요소라는 점을 염두에 두고 세상을 사는 사람들은 투자상담사들에게는 물론이고 정치인들에게도 쉽게 속아 넘어가지 않는다. 그러한 자는—특히 정치에서—매우 애용되는 말인 **명예를 건다는 말***Ehrenwort*에도 영향을 받지 않는다. 정치인들의 이러저러한 말을 기억하고 있는 독자라면, 누구나 그러한 사례들을 알고 있기 때문에 이에 관해서는 더 이상 자세하게 말할 필요가 없을 것으로 생각한다.

한 번도 거짓말을 하지 않았다고 주장하는 자는—특히 몇십 년만 돌이켜 봐도—거짓말을 하고 있는 자이다(진실만을 말해서 어떻게 삶을 꾸려나갈 수 있겠는가?). 거짓말을 포기하는 것은 성적으로 금욕하는 것과 유사하다. 거짓말을 포기하는 것은 우리의 본성이 아니다. 거짓말이 본성에 반하는 것이 아니라, 항상 진실을 말해야 한다는 명령이 우리의 본성에 반한다.

순수 의무-윤리학은 원칙적으로 인간의 행위가 자신의 삶을 관리함에 있어 마땅히 응대해야 할 많은 외부적 요소에 의해 영향을 받는다는 사실을 간과하고 있다. 우리 중에 누구라도 진공상태에서는 살 수가 없고 우리 모두는 무엇인가를 원하는 사람들에 둘러싸여 있으며, 그 무엇인가는 우리 자신의 소망과 항상 일치하는 것도 아니다. 도덕적 원칙들을 따르려는 마음의 각오가 되어 있지만 계속적으로 배신당하고 이용당한다고 느끼는 자는—자기 자신의 건강을 위해서—언젠가는 스스로 그러한 도덕적 원칙들을 포기하거나 적어도 최소한의 도덕에만 의지하게 된다.

도덕가와 정치인들은 나름대로 인간의 행동을 변화시킬 수 있다는 견해를 가지고 있는 듯하다. 이러한 견해는 개개의 인간이나 궁극적으로 전체로서의 인류가 교육을 통해 변화될 수 있는 존재라고 하는, 우리 정신사에 뿌리내린 확신에 일치한다. 어떤 의미에서는 맞는 말이다. 그리고—주어진 조건이 충족되면—인간은 심지어 놀라울 정도로 **교육될 수 있다**. 이것이 의미하는 바는 인간은 **조종 가능하다**는 뜻이다. 이에 관한 예는 과거는 물론이고 현재에도 충분하다.

나는 여기서 행동의 변화에 대한—이데올로기적으로 동기부여된—소망이 보통 자기네들의 권력욕을 관철시키려는 목적으로 도덕적인 또는 사이비-도덕적인 논거들을 앞세우는 일부 소수자의 소망일뿐이라는 점에 대해 더 자세히 말하지는 않겠다(이에 관해서는 앞 장 참조). 하지만 여기서 분명히 지적해두지 않으면 안 될 점은 계통발생사적으로 획득된 사회생물학적 경향성 때문에 인간이 본래 얼마나 변덕스런 존재인지에 대해 많은 정치 프로그램들이 전혀 고려하지 않고 있다는 점이다.

이에 관한 예로서 **소유효과**를 언급할 만하다. 인간은 자신의 소유물로 여기는 것은 그것을 상대적으로 중요하게 평가하기 때문에 일반적으로 쉽게 내놓으려고 하지 않는다. 그래서 이미 모아놓은 것과 떨어지기보다 가지고는 싶지만 아직 가지고 있지 않은 것을 포기하는 것이 더 쉬운 법이다. 이러한 점은 우리의 일상 습관에도 그대로 적용할 수 있다. 좋아하게 된 습관을 포기하는 것은 실제로 누구에게도 쉽지 않은 일이다.

오늘날 정치적으로 처방된 긴축 프로그램이 널리 활용되고 있다. 나는 많은 사람들이(그리스 사람들이든 그 밖의 다른 나라의 사람들이든) "긴축 프로그램" "긴축꾸러미" "긴축과정" "허리띠 졸라매기" 따위의 표현이나 말을 더 이상 듣고 싶어 하지 않는다는 것을 이해한다(나 역시 마찬가지이다). 그와 같은 말들은 항상 경제적 파탄에 책임이 있는 자들이나 자신들의 고액의 연봉은 여전히 유지되는 사람들이 내뱉는 말이라는 점에서 음험함이 존재한다. 뿐만 아니라 너무 많은 긴축은 단기적으로나 장기적으로 전체 경제에 아무런 유리한 효과를 가질 수 없다. 왜냐하면 모두가 소비를 제한하고 무언가를 내놓지 않으면 경제구조가 붕괴하기 때문이다.

어떤 일이든 사람들을 이끌어가는 일과 관계되는 자들에게—정치인이든, 회사임원이든 또는 교육자이든—당부하고 싶은 말이 있다. **거저 쉽게 당위를 요구하지 말고, 먼저 가능 여부를 물어보아라.**

도덕, 좋지, 하지만 그 대가를 달라

도덕의 값은 얼마인가? 이 물음은 도덕과 미풍양속이 우리의 삶에서 우선순위에 있다고 말하는 모든 이들의 귀에 신성모독처럼 들린다. 칸트라면 그러한 물음을 결코 제기하지 않았을 것이다. 하지만 우리의 진화사에서 매우 오래되고, 동물 사회까지도 유지시키는 상호주의 원칙(이에 관해서는 제1장 참조)이 우리가 도덕적이라고 말하는 모든 행위의 원천이라고 하는 데에는 아무도 의의를 제기할 수 없다?! 자연주의에 경도된 철학자들은 "보다 상위의 가치들"과 그 유사한 것을 원용하였던—지금도 여전히 그러한—관념주의자(이상주의자)들에 비해 도덕을 언제나 보다 현실적으로 바라보았다. 나는 그들 중 의사이자 철학자인 루드비히 뷔히너Ludwig Büchner(1824~1899)를 언급하고자 한다. 그는 자신의 저서 『인간Der Mensch』의 "도덕" 장에서 다음과 같이 기술하고 있다.

유일하게 올바르고 유지 가능한 도덕원칙은 상호주의라는 관계성에 근거한다. 따라서 도덕적 행동에 관해서는 "사람들이 네게 하는 바를 네가 원하지 않으면, 너도 그것을 다른 사람에게 해서는 안 된다."라는, 오래되었지만 잘 알려진 격언보다 나은 도덕원칙이 없다. 이 격언을 다른 격언인

"사람들이 네게 해주기를 원하는 바를 타인에게 행하라." 라는 격언으로 보충하면, 덕성론과 도덕론의 경전을 손안에 넣게 되는데, 심지어 두꺼운 윤리학 핸드북이나 세상의 모든 종교시스템의 정수보다 더 훌륭하고 쉽게 그러한 경전을 우리에게 제공할 수 있을 것이다(Büchner, 1872, 236쪽).

사실상 도덕적 행동을 가장 잘 근거지우는 것은 상호주의 원칙이다. 사회생물학적인 특성에 따르면, 우리 인간은 스스로에게 그 자체로 플러스가 된다고 판단되는 경우, 그때그때의 도덕적 지침에 맞게 가장 잘 행동할 자세가 된다. 이 점은 독일의 기차를 타보면 쉽게 이해할 수 있을 것 같다. "이곳을 당신이 머물러 있고 싶은 것처럼, 그대로 하고 떠나시오."라는 문구가 독일의 고속철도의 화장실 문에 게시되어 있다. 이는 명령이나 금지가 아니다. 장시간의 기차여행 중에 어쩔 수 없이 들러야 하는 화장실 공간에 대해, 자기가 볼일을 보려고 할 때에도 깨끗하게 되어 있을 것을 원하기 때문에, 청결하게 유지하도록 하는 호소일 뿐이다.

칸트는 그 자신도 매우 도덕적이었지만, 자기 자신의 의지의 준칙이 언제나 일반적인 입법의 기초로 타당할 수 있도록 행동하라는, 자신의 **정언명령**을 가지고 문제의 핵심을 건드린 것으로 보인다. 일반적으로 이 명령에서 많은 것을 발견할 수 있지만, 자세하게 보면 이 명령은 우리에게 몇 가지 문제를 제기한다. 나의 행동이 "일반적인 입법"의 기초로 이용될 수 있는지 내가 어떻게 아는가? 모든 입법이 나의 행동을 기준으로 삼는가? 내가 다른 사람을 속이거나 침해하는 행동을 한다면, 이것이 일반적인 입법으로 되도록 내가 원할 수 있는가? 이 밖에도 문제되는 것은 입법자가 무조건 처음부터 나의 소망에 신경을 쓰는 것이 아니라 그들에게 그것이 편리하게 보이기 때문에 어떤 입법적 결단을 하는 것은 아닌가 하는 점이다. 법전을 한번 들추어 보라. 거기에 있는 규정들은 모두가 극도로 복잡할 뿐 아니라 대부분의 사람들에게 전적으로 이해하기 어렵게 되어 있다. 그렇게 과도하게 규율되어 있음에도 불구하고 아직까지도 즉흥적이고 창조적인 추동력들이 질식되지 않았고, 사람들은 여전히 자기 자신의 소망에 따라 많은 일들을 실현하고 있음은 놀라운 일이 아닐 수 없다.

경험적 사실에 의하면 사람들은 도덕원칙들이―또는 법률 역시 마찬가지로―생물학적으로 형성된 행태경향성과 애초부터 일치하면 일치할수록 그것들을 더 잘 준수한다. 때문에 일정한 명령 또는 금지를 사람들이 거의 준수하지 않는다는 점은 놀라운 일이 아니다. 성 도덕을 생각해 보면 알 수 있다. 사람들은 자신들의 행위에 대해 어떤 형태로든 보상을 원한다는 점도 우리가 경험하는 일이다.

나는 때때로 학생들과의 세미나에서 다음과 같은 조그만 사고실험을 한다. 학생들에게 1만 유로가 들어 있는 지갑을 발견하였는데 어느 누구도 보는 사람이 없었던 것이 확실하고, (지갑의 주인을 알만한 어떤 단서도 들어 있지 않아) 그 돈이 누구의 것인지 알지 못한다고 생각하라고 해 보았다. 어떻게 할 것인가? 그 돈을 가져버릴 것인가? 가까운 분실물센터나 인근 파출소에 가져가는가? 나는 모든 학생들이 솔직하게 대답하였다고는 확신할 수 없지만, 그들의 대답에는 주목할 만한 점이 있다. 예컨대 이들은 다음과 같이 말한다. "나는 보다 정상적인 양심을 가지고 있기 때문에 그 돈을 신고할 것이다." "내가 그 돈을 신고하면 그로써 선한 행위를 하는 것이 될 뿐 아니라, 10퍼센트의 보상금도 받을 것이기 때문에 그 돈을 가지지 않을 것이다." "아무도 보는 자가 없다는 것이 실제로 확실하기만 하다면, 그 돈을 가질 것이다." "누군가가 1만 유로를 지갑에 넣고 다닐 정도라면, 가난한 사람이 아닌 게 분명하기 때문에 내가 그 돈을 가질 것이다" "내가 만약 그 돈이 급하게 필요하다면 가질 수도 있다." 학생들 중에 누구도 타인의 소유물은 원칙적으로 취해서는 안 된다는 논지를 전개하지 않았다. 그리고 그 돈을 가지지 않을 것이라고 발언한 모든 학생들은 적어도 선한 양심을 운운하는 것과 같이 자신에게 무언가가 플러스가 된다는 점을 근거로 내세웠다.

이러한 사고실험의 결과는 개개인에 따라 다르지만, 내가 보기에 어느 정도 대표성을 가지고 있는 것으로 보인다. 여기서 1만 유로를 어디선가 발견할 개연성이 매우 비현실적이라는 점은 중요하지 않다. 오히려 우리가—이 사례에 경우—어떤 행태경향성을 가지고 있는지가 본질적인 문제이다. 도덕적으로 옳은 행위에 대한 대가로 아무것도 주어지지 않는다면, 우리는 대부분 다소간 시간 차이는 있겠지만 도덕적으로 옳은 행위를 포기한다. 도덕적 행위를 할 동기를 부여하는 것은 언제나 다른 사람의 소망이다.

우리 모두는 날마다 누군가가 우리에게 무언가를 원한다는 사실과 직면한다. 다른 사람들이 우리에게 거는 기대들 가운데 많은 부분을 우리는 힘들이지 않고 이행할 수 있다. 그를 위해 필요한 활동은 실제로 별로 비용이 들지 않고 매우 사소한 일이기 때문에 쉽게 이행할 수 있거나, 또는 다른 사람에게 헌신을 보이면 스스로 일정한 만족감을 느끼기 때문에 힘들이지 않고 이행할 수 있다(혹은 그 두 가지 이유가 동시에 작용할 수도 있다). 하지만 다른 사람들의 소망에 호의를 베풀려고 하는 우리의 마음가짐이 한계에 부딪칠 경우가 있는데, 특히 많은 사람들이 동시에 우리에게 기대하는 경우가 그러하다.

예컨대 베르거 씨의 아들은 아버지가 숙제를 도와주기를 바라고, 그 부인은 남편이 쇼핑에 동행해줄 것을 원하며, 그의 친구가 급히 어떤 부탁을 한다면(그리고 이 모든 것이 동시에 이루어질 경우), 베르거 씨는 고도로 신경을 써서 우선순위를 정해야 한다. 우리들 대부분도 때때로 그와 유사한 상황에 처하기 때문에 그의 상황을 이해할 수 있다. 잘 알고 있듯이 우리는 결코 모든 것을 만족시킬 수는 없으며, 나이가 들면 들수록 우리가 언젠가 실망시킨 사람들의 수가 그만큼 더 늘어나게 된다. 물론 나이를 먹어갈수록 우리가 기쁨을 준 사람들의 수도 늘어가는 일정한 기회가 존재하기도 한다.

그때그때 통용되는 기준에 의하면, 개인은 매우 제한된 범위 내에서만 도덕적 요구들을 이행할 수 있다. 따라서 어떤 사람이 어떤 상황에서는 철두철미하게 도덕적으로 행동하고, 다른 상황에서는 그렇지 않은 것은 우리네 삶에서 일상적인 것이다. 많은 사람들이 도덕적 원칙들을 준수하려고 애쓰지만 경우에 따라 도덕적으로 궤도를 벗어나듯이, 많은 중범죄자들도 때때로 선한 행위를 하기도 했다. 명백하게 병리적인 사례를 제외하면, 자신의 모든 사회적 관계들 속에서 원칙적으로 비도덕주의를 표방하는 사람은 거의 없다. 누구라도 공기가 없는 (사회적) 공간에서 성장한 자는 없기 때문에 자신의 도덕적 행동이나 비도덕적 행동에는 당연히 환경적 요소가 중요한 역할을 한다. 따라서 운이 좋아서 일찍 그리고 지속적으로 도덕적 행동이 이득이 되는 것임을(그리고 그것이 그에게 과도한 부담이 되지 않음을) 경험을 한 자는 비도덕주의적 경향성을 거의 가지지 않게 된다. 하지만 우리는 반대의 사례도 염두에 두지 않으면 안 된다.

타인이 도덕적이지 않을 때, 나도 도덕적이지 않게 된다

얼마 전까지 전기통신기술 분야에서 전도유망한 회사의 팀장이었던 오토 S는 새로 옮긴 회사의 사장에게 가끔씩 자신의 옛날 회사의 영업비밀 몇 가지를 누설하였다. 그는 그 일이 형사처벌의 대상이 된다는 것을 알고 있다. 하지만 그는 계약에 서명한 후 누설의 대가로 받게 될 것으로 약속된 이익을 확보하고자 그 일을 감행했다. 두 번째 부인은 요구하는 바가 많았고, 전처에게는 생계비를 지불해야 했다. 사치스러운 생활은 아니었지만 스스로 돈벌이를 해서 최소한 괜찮은 생활을 하고 싶어 했다. 뿐만 아니라 그는 자신을 착취하고 굴욕을 주었던 구두쇠 스타일인 전 고용주에게 앙갚음도 해야 했다.

S씨의 도덕과 법에 대한 이해가 썩 좋은 것이 아님은 분명하다. 그럼에도 불구하고 그는 도덕적으로 평균인을 대표한다. 그는 자신이나 자신의 부인에게 이익을 주고 싶어 할 뿐 아니라 영업비밀을 누설함으로써 새로운 고용주에게 도움을 주고,

그 고용주도 그로부터 역시 이익을 기대한다. 자신의 행위로 인해 옛 직장에 생기게 될 손해의 가능성(아니 개연성)을 그는 의식적으로 감수하고, 자신의 복수욕도 만족시키고자 한다. 물론 그는 자신의 간계에 대해 책임을 지게 되리라고는 바라지 않을 것이다. 하지만 S씨에게 선택의 가능성이 있는가? 그가 달리 행위할 수 있는가? 도덕을 설교하는 것은 쉽지만, 모든 책임으로부터 자유로운 자만이 최초의 돌을 던질 수 있다.

어느 누구든 장차 도덕적으로 행위하는 자가 될 것인지 비도덕적으로 행위하는 자가 될 것인지는, 어린 시절 귀감이 되는 자에 의해서만 영향을 받는 것이 아니다. 그의 주변인들의 행위에 의해서도 적잖게 영향을 받는다.

오늘날 경제적 환경이나 노동환경의 기본적인 조건은 도덕을 장려하도록 되어 있지 않다. 대기업들은 최대의 이익을 값싸게 산출할 수 있도록 하기 위해 그들의 공장을 해외로 이주한다. 그들은 수천 명의 사람들을 거리로 나앉게 하면서도 최고 경영진들에게는 엄청난 급여와 보너스를 지급한다. "합리화"와 "생산감량"(이 역시 말이 되지 않는 말!)과 같은 말은 이 경우 수많은 사람들의 생존이 황폐하게 된다는 사실을 은폐한다. 경제적으로 번영하고 있는 나라들에서도 빈부의 격차는 점점 더 심해진다.

이러한 조건들 하에서 앞서 예를 든 가상의 S씨가—물론 현실적으로 있을 수 있는 이와 유사한 많은 사례에서—좌절함 없이 최소한의 비용과 고려를 통해 자기에게 가능한 한 최대한의 이익을 추구하고 싶어 한다는 점에 대해서는 하등 놀라울 것이 없다. 뿐만 아니라 그는 다른 모든 사람들과 같이 단 한 번밖에 주어지지 않은 삶을 살고 있다. 도덕적 절대주의를 관철하고 싶어 하는 자들이 "영원한 삶"을 약속한다는 것은 우연이 아니다. 지금 살고 있는 이런 삶밖에 살지 못한다는 것을 아는 자가 자신의 소망을 채우지 못하고 완전히 단념한다면 당연히 무언가 어려운 일에 닥치게 된다.

오늘날 산업사회에서는 실제적으로 모든 생활영역에서 성과와 효율성이 요구된다. "평가"와 "등급화"는 우리의 노동환경에서 지속적으로 따라붙은 현상이고, 질은 양으로 환원되며, 이로써 개인에 대한 압박은 더 무거워진다. 이는 좁은 의미에서의 경제 영역에 대해서만 맞는 말이 아니다. 왜냐하면 "경제적인 효율성"은 오래전부터 모든 다른 직업세계, 특히 **학문(과학)***Wissenschaft*의 영역으로도 밀고 들어와 있기 때문이다.

학문은 지식을 획득하는 것 이외에는 더 이상의 아무 것도 원하지 않았던 자들의 눈에는 오래전부터 후퇴한 영역의 하나로 여겨져 왔다. 학자들이 어떤 시대건 개인적인 명예욕도 일정 부분 동기가 되긴 하였지만, "진실"에의 의무를 열정적으로

169

다해온 것은 부인할 수 없는 사실이다. 학문의 역사를 보면 그를 뒷받침할 많은 유명한 사례들이 있지만, 여기에서는 자세하게 다루지는 않겠다. 하지만 오늘날 학자들이 점차적으로 직면하고 있는 압박은 비교적 새로운 현상이다. 특히 돈은 점점 더 중요하게 되어가고 있다. 돈 때문에 새로운 결론을 생산해 내도록 압박하는 강요가 마치 컨베이어 벨트 위에서와 같이 이루어지고 있다.

이 점에 대해 독일 외과의사 트로이들Hans Troidl은—(비용 문제 때문에!) 그 발간이 중단된—한 의학잡지의 논문에서 분명하게 밝힌 바 있다. 즉, 어떤 연구소가 공간은 얼마나 차지하고 있고, 연구원 수는 몇 명이고, 몇 대의 컴퓨터가 있으며, 소장은 어느 정도의 연구 장려금을 처리할 수 있고, 얼마나 많은 결과물들을 목표로 삼았는지에 관해 평가되었다. 연구소장은 실제로 항상 목에 밧줄을 감고 있었다. 이 밧줄을 풀어 연구소의 체제를 작동하게 하려면 연구비를 준 자와 협력을 해야 하는데, 그 돈을 지급한 자들은 (자기네들의 뜻에 맞는) 연구결과를 보고 싶어 한다. 그래서 많은 연구소의 연구원들은 오늘날 개인적인 창의성이 전혀 발휘되지 못하거나 질적으로 높은 수준의 연구를 거의 할 수 없게 만드는, 좁은 운신의 폭 속에서 움직이고 있다. 왜냐하면 재정 지원을 받은 연구용역을 진행하는 동안에도 그들은 다른 금전적 지원을 약속받기 위해 몸을 떨어야 하기 때문이다. 여기서 중요한 것은 무엇보다도 그들 자신의 물질적인 생존이다.

그러한 상황이 소홀, 주의태만 그리고 종국에는 과학사기를 부추기게 된다는 점에 대해서는 별도로 설명할 필요가 없을 것이다. 역사적으로 볼 때 과학의 결과물을 조작하거나 허위로 만들어 내거나 표절하는 일이 언제나 있었던 것은 당연한 일이다. 하지만 오늘날의 상황을 과거의 그것과 비교할 수는 없다(나의 계산법에 따르면 "과거"란 1970년대와 1980년대를 말한다). 오늘날 사람들은 어떤 비용을 치르더라도 센세이션을 일으키는 결과를 필요로 한다. 심지어 가장 명망 있는 학술지조차도 힘든 경쟁에서 이기기 위해 센세이셔널한 보고를 얻기 위해 애쓴다. 이러한 과정에서 물론 새로운 수레바퀴가 만들어지는 경우도 많다. 이미 수십 년 전에 이용되었던 지식들이 어느 날 갑자기 새로운 것으로 포장되어 팔리기도 한다.

그러나 우리는 그동안 역사적 연속성이 단절되어 일이십 년 전 출간된 저서들이 대부분의 사람들에 의해 더 이상 받아들여지지 않고, 심지어 관련 전문 영역 안에서조차 받아들여지지 않게 되었음을 알고 있다. 이로써 많은 평균적 재능을 가진 "젊은 연구자들"이 "새로운" 발견을 하였다고 기뻐할 수도 있겠지만, 그러한 발견은 며칠간 대중매체의 흥미를 유발하다가 재빨리 잊혀져 버린다. 이러한 일들은 사기와 표절이 더욱 쉽

171

게 일어나는 원인을 제공하기도 한다.

누구도 처리할 수 없는 엄청난 양의 정보들은 오늘날 또 다른 문제로 등장하고 있다. 가치 있는 정보와 무가치한 정보로 구분하는 일은 점점 더 어려워지고, 이 때문에 인플레이션이 유발될 정도로 정보는 다량 생산되어 유포되고 있다. 빈의 과학이론가 외저Erhard Oeser는 이미 이십여 년 전에 자신의 저서 『집단이성의 모험 *Das Abenteuer der kollektiven Vernunft*』에서 이 점에 관해 분명한 어조로 "이성의 배설물" "얕은 하수구" "쓰레기이론"이라는 표현을 사용한 바 있다. 결과물을 가능한 한 신속하게 얻어내야 하고, 새로운 것이 나오지 않을 경우에는 그것을 새로운 것으로 세일즈를 한다. 특히 유전학, 유전공학 그리고 의학 등과 같이 연구를 위해 많은 비용을 집어삼키는 분야에서는 그 자체로 신속하게 금전으로 만들어질 수 있는 결과물을 기대한다.

따라서 오늘날 지식을 획득하는 과정에서 불순한 방법을 이용하려는 유혹은 과거에 비해 훨씬 커지고 있다. 최근의 예로는 한국의 줄기세포 연구자 황우석을 들 수 있다. 그는—자신의 주장과는 달리—결코 인간의 줄기세포를 복제하지 못했고, 다분화된 줄기세포를 만들어 내지도 못했다. 과학사기는 개인적으로 금전적 압박을 받고 있는 자들에 의해서뿐만 아니라 명성 때문에 우회하지 않고 가능한 한 빨리 목표점에 도달하고자 하는 자들에 의해서도 자행되고 있다. 공부를 더 잘하는 옆자리 학생의 것을 커닝하면 경우에 따라 수학에서 "최고점"을 얻을 수 있음을 아는 학생을 떠올려 보면 이해가 될 것이다.

오해가 없기를 바라는 마음에서 과학에서의 허위와 사기행각들은 다른 생활 영역에 비해 자주 있는 일이 아님을 밝혀두고 싶다. **과학적 에토스**는 여전히 올바르게 기능하고 있다. 정치와 경제에서도 과학에서와 비슷한 에토스가 작동한다면, 세상이 더 나아질 것이다. 왜냐하면 모든 "훌륭한" 과학자들의 기본적인 원동력은 지식을 획득하는 일이기 때문이다. 지식을 단순히 현혹시키기만 하는 일은 아무런 흥미를 유발시키지 않는다. 일반적으로 말하면 그렇다.

하지만 오늘날의 과학적 에토스는 과학이―적어도 많은 부분 영역에서(특히 자연과학에서)―치명적으로 경제와 결부되거나 경제에 종속되기 때문에 동요될 위험에 처해 있다. 그리고 경제에서는 잘 알려져 있듯이 경제가 무제한 성장할 수 있다(따라서 무제한 성장해야 한다)는 신화가 지배하고 있다. 이 세상이 어느 정도까지 "무제한의 성장"을 하는 것이 사실상 가능한지는 또 다른 문제이다. 하지만 그러한 신화의 옹호자들은 현실을 고려할 필요가 없다는 것이 주지의 사실이다. 과학은 이제 더 이상 이러한 신화와 무관하지 않다. 경제가 과학에 미치는 영향력이 강하면 강할수록 과학이 부패하거나 개개의 과학자들을 부패하게 할 위험은 그만큼 더 커진다. 진정한 지식이 아닌 기만된 지식에서 우리가 얻을 수 있는 것이 무엇인가 하는 물음을 제기해 보자. 물론 가능한 한 빨리 앞으로 나아가려는 자는 이러한 물음을 제기하지도 않는다.

무제한을 기대하는 것은 스포츠에서도 마찬가지이다. 일단 달성된 모든 기록은—수영에서든, 자전거 경주에서든, 마라톤에서든 혹은 그 무엇에서든—깨어져야만 한다. 특히 레이스를 펼치는 스포츠는 독특한 논리에 따른다. 그때그때의 목표는 모든 경우에 도달되어야 하고, 함께 달리거나 차를 몰거나 도약을 하거나 던지거나 수영하는 자는 누구라도 어떤 경우라도 다른 모든 자보다 먼저 목표지점에 도달하도록 노력해야 한다. 경기하는 자는 상대방을 능가해야 하고, 텔레비전을 시청하는 자들은 신기록과 기록갱신을 기대한다. 이 경우 자연적인 능력상의 한계가 방해요소로 작동하지 않도록 하기 위해 가능한(혹은 개연성 있는) 신체의 피로를 사전에 예방하는 인위적인 수단의 도움을 받게 된다. 이런 식으로 해부학적이거나 신체적인 능력을 무제한으로 상승시킬 수 있을 것이라는 유혹을 받게 되고, (스포츠에서) 최고의 능력은 원칙적으로 한계가 없다는 인상을 불러일으키게 된다. 스포츠계에서 도핑문제는 이러한 식으로 일어난다는 것은 누구나 쉽게 알 수 있다. 대중매체의 보도나 기록 보유자들의 개인적인 고백을 믿는다면, 많은 스포츠인들의 경력은 도핑 경력과 일치한다는 점을 알게 된다.

이러한 점은 스포츠에서는 공정한 경쟁만이 가치가 있다(또는 가치가 인정되어야 한다)는 견해를 존중하고 인위적인 보조 수단 없이 발휘되는 "진정한" 능력을 보기를 원했던 사람들에게 충격을 안겨준다. 하지만 레이스 경기에서 도핑에 대해 흥분하는 자라면 우리 사회가 왜 개인에게 점점 더 큰 성과를 내도록 압박을 가하고 있는지 반문해 보아야 할 것이다. 과학의 경우와 마찬가지로 스포츠도 점점 더 경제의 손아귀에 빠져들고 있다. 스포츠에서도 과학에서와 같이 결과물은 어떤 비용을 치르더라도 획득되어야 한다는 생각이 만연해 있는 것이다.

최고의 결과와 기록을 향한 노력은 인간의 특성이다. 우리는 본성상 다른 사람과 비교하는 속성을 가지고 있다. **경쟁**은 우리 삶의 일부분을 구성하는 것이고, 도덕적으로는 전적으로 중립적으로 판단되어야 한다. 미리 예측해 둔—그 중에는 전적으로 비현실적인—성과를 내놓도록 개인을 강요하게 만드는 사회의 조건에 맞추어간다면, 비도덕적인 행동방식에 대해 문호를 개방하는 일이 될 것이다.

한편으로 (과학이나 스포츠에서) 공정성과 같은 사회적 규범들과 가치들이 지켜져야 한다고 하면서도, 또 다른 한편으로 (과학자들이나 스포츠인들에 대해) 사회의 기대는 그러한 규범들과 가치들의 한계 내에서 현실적으로 행할 수 있는 바를 넘

어서고 있다는 점에 음험함이 존재하는 것이다. 이러한 태도
가 바로 비도덕적 행위를 조장하는 것이고, 바로 이 때문에 사
회가 기대하는 바를 행하도록 요구당하는 개인이 무엇 때문에
괜히 쓸데없이 도덕적 방법으로 목표에 도달해야 하는가 하고
반문하더라도 하등 놀랄 일이 아닌 것이다(따라서 이러한 맥락
에서 보면, 현재의 사회에 적합하였던 것은 모두 "도덕적"인 것이 되
는 것이다).

"경쟁력"은 오늘날 정치와 경제에서의 슬로건이 되는 데 그
치지 않고, 학문이론이나 교육 등과 같이 다른 모든 생활 영역
을 뒤덮고 있다. 대학들은 자의적으로 설정되어 언제든지 변할
수 있는 기준에 따라 정기적으로 "순위"가 매겨지고 있다. 결국
"순위"는 그 자체로 경쟁이 되고, 언젠가는(기대하건대 되도록이면
빨리) 스스로 터무니없는 것ad absurdum으로 드러날 것이다.

학문세계에서나 그 밖의 다른 영역에서 누군가가 스스로의
동인에 따라 일정한 성과물을 내놓았을 경우 느끼는 만족은 이
런 식의 경쟁구도 속에서 압박을 받게 된다. 애초부터 성과물
들에 대해 합의가 이루어진다고 하는 것이 오히려 맞는 말일
것이다. 배관공에게 구멍 난 급수관을 수선하도록 맡기는 것과
같은 경우에는 이것이 잘 기능하겠지만, 학문적인 성과물의 경
우에는 오히려 비생산적으로 드러나게 된다. 이는 우리의 주제
를 넘어서는 다른 문제이므로 여기서 그치기로 하자.

합의에 의한 도덕?

도덕과 윤리가 호황을 누리고 있음을 가볍게 여겨서는 안 된다. 지난 몇 십 년 동안 구체적인 생활 영역에서 도덕적인 문제를 다루고 있는 윤리학의 많은 특수 분과학들이 정립되었다. 그 중에 **경제윤리학**과 **의료윤리학**만을 예로 들어보자. 경제 분야에서는 물론이고 의료 분야에서도 윤리적인 논쟁은 역사적으로 먼 기원을 가지고 있다. 의료 분야에서 가장 오래된 직업 에토스로 알려져 있는 **히포크라테스의 선서**는 거의 2천5백 년 전에 확립되었다. 이에 따르면, 의사의 모든 행위의 목적은 의미 있는 삶과 생활양식을 가능하게 하는 데 있다고 한다. 의사의 행위는 오로지 생명과 생명의 유지에 기여하는 것이고, 의사는 자신의 삶을 치유의 기술에 바친다.

이러한 도덕적인 명령은 한계에 부딪친다. 의사들은 환자에게 의미 있는 삶을 가능하게 할 수 없고, 생명을 유지하게 할 수 없는 상황에 언제나 직면한다. 그리고 생명을 연장하는 것이 고통을 연장하는 것에 다름 아닌 경우도 많다. 또한 "생명의 신성성"이라는 원칙은 예컨대 독일과 오스트리아에서는 입법에 영향을 주기도 해서 **안락사**를 금지하여 형벌을 부과한다. 하지만 이 문제는 독일과 오스트리아에서는 역사적으로 부담스러운 문제이지만, 원칙적으로 오늘날 많은 윤리학자들에 의해

177

비판적 논쟁이 이루어지고 있다.

이 논쟁에서 (많은 윤리학자들에 의해) 옹호되고 있는 안락사는 제3제국의 범죄적 안락사 프로그램과 무관하다는 점을 알고 있어야 할 것이다. 장기간 혼수상태에 빠진 환자, 전적으로 타인의 조력에 의존하면서 더 이상 생존 가능성이 없는(어떤 의사도 어떤 식으로든 더 이상의 생존 가능성을 열어줄 수 없는) 고령의 환자 또는 감내할 수 없는 고통 속에서 죽을 날만 기다리고 있는 불치의 환자—단순화해서 말하자면, 이들은 더 이상 살고 있는 것이 아니라 사는 것이 강제되고 있는 사람이라고 할 수 있다—에 대해서는 안락사를 인정하는 것보다 더 도덕적인 것은 없을 것이다.

예컨대 기독교 가치관을 가지고—"하나님이 주신 것은 오직 하나님만 거두어갈 수 있다."는 신념에 따라—모든 종류의 안락사를 거부하는 자들은 자신들이 한 인간에게 (도덕적인 근거를 들어) 얼마나 많은 고통을 요구하고 있는지에 대해 생각해 보아야 할 것이다. 병들거나 심하게 다친 말을 고통 속에 두지 않도록 하기 위해 잠들게 해야 한다고 생각하면서도, 무엇 때문에 인간에게는 고통을 요구해도 괜찮은지에 대해서도 동시에 생각해 보아야 할 것이다. 그렇지 않으면 그는 합의에 의한 도덕, 즉 이중도덕을 주장한다는 비난을 받아야 한다.

인간은 일반적으로 건강 상태가 좋을 경우 오래 살고 싶어 하는 것이 당연하고, 어떤 이유에서건 여의치 않을 경우에는 의료적 도움을 받아야 한다. 이러한 소망은 정당하며, 의료의 과제는 질병을 감소시키고—가능한 한 언제나—치료도 하는 데 있다. 의학도로부터 도덕적으로도 탁월한 선택을 하도록 기대하는 것은 그렇게 간단한 일이 아니다. 모든 훌륭한 의사들은 여전히 히포크라테스의 선서를 준수하는 것을 의무라고 생각하지만, 이러한 생각이 한계에 직면할 때도 있다. 그동안 의료 분야에서 도덕적으로 옳고 그른 것이 무엇인지에 대해 결정을 내리는 **윤리위원회**도 생겨났다. 나는 그러한 위원회의 정당성에 대해서 의문을 제기하고 싶지는 않다. 하지만 위원회를 구성한다고 해서 근본적인 문제가 모두 없어질 수 없다는 점만은 지적해 두고 싶다. 많은 의료적인 한계문제들의 경우 일반적으로 구속력 있는 윤리적 해결방안은 존재하지 않기 때문이다!

한밤중에 중상을 입은 응급환자를 돌봐야 할 응급의료진은 몇 분 또는 몇 초 이내에 어떤 윤리학자도 대신할 수 없는 결정을 내려야 한다. 복잡한 수술을 통해 적어도 얼마간은 환자의 생명을 유지시킬 수 있음을 알고 있지만, 다른 한편 문제 있는 침습적 수술 행위의 위험도 알고 있는 외과의사는 결국 스스로 책임을 져야 할 결정을 내려야 한다. 이 경우 그는 불가피하게 도덕적이자 인간적인 딜레마에 빠지게 된다. 수술도중에 환자가 사망하면 그는 경우에 따라 과실 책임을 질 수도 있다. 그가 수술을 하지 않아 결국 환자가 죽게 된 경우에도 마찬가지로 비난을 피할 수 없다(특히 그가 수술시기를 지연시킨 경우에 그러하다).

오늘날 많은 경우 환자 스스로가 자기 결정을 내리도록 하고 있는데, 이때 환자는 사정에 따라—자기 자신의 책임 하에— 치료를 거부할 수도 있다. 정상적인 경우는 그러하다. 누구도 자신에 대한 의료적 치료를 강요당해서는 안 되기 때문이다. 하지만 다른 한편 환자를 구할 수 있다고 생각하는 의사가 히포크라테스의 선서를 지킬 의무가 있는 것으로 느끼고 있는 한 단순히 "당신이 원하는 데로 하시오."라는 말만으로 그 환자가 죽도록 놔두어서는 안 된다.

모든 도덕은 그 도덕을 가지고 유지하는 사회가 좋으면 그 도덕도 좋고, 사회가 나쁘면 그 도덕도 나쁘다고 할 수 있다. 오늘날 서구 민주주의 사회에서 우리는 매우 특수한 상황 속을 살아가고 있다. 개인에게 권리와 권리의 실현 가능성이 더 많이 주어져 있다고 하면 할수록, 개인은 자신의 고유성을 그만큼 더 빼앗긴다. 개개인이 (직장, 여가시간, 도로에서) 자기 생활에 대한 안전을 높이 촉구하면 할수록, 그에게 금지되는 것의 정도는 그만큼 더 높아진다. 그래서 예컨대 독일이나 오스트리아 기차의 여객 칸에서는 몇 년 전부터 흡연이 금지되어

있다. 이를 통해 특히 기차 승무원들이 간접흡연으로부터 보호
되어야 한다고 한다.

하지만 장시간 열차를 타고 갈 경우 반복해서 보게 되는 장
면은 어느 역에서 기차가 몇 분간 정차할 경우 다른 사람이 아
닌 바로 기차 승무원들이 재빨리 담배를 피우기 위해 급하게
내리고 타는 장면이다. 흡연 금지로 인해, 그들은 한편으로는
간접흡연으로부터 보호되기도 하지만, 다른 한편으로는 운행
시간이 길어질 경우 스트레스 수위가 눈에 띄게 높아져 건강
에 좋지 않은 결과가 초래될지도 모르는 것이다(그들 중에 파이
프 담배를 피우는 자들은 원칙적으로 없어질 것이다. 칸트가 입술과
파이프 앞부분 사이를 일러 표현하였던 "기다란 철학 조각"을 그들
은 포기해야 한다).

요컨대 도덕이나 도덕적으로 옳은 행위 또는 도덕적으로 그
른 행위에 관해서는 합의가 이루어질 수 있는 것처럼 보인다.
그때그때의 **모든** 관여자들이 그에 대해 동의한다면, 그 합의에
대해 반대할 수 없을 것이다. 하지만 통상적으로는 그렇지 않
다. 도덕적으로 옳은 행위나 그른 행위에 대해서 결단을 내릴
수 있는 자는 소수에 불과하다. 우리 모두는 자신의 사회적 주
변 영역에 대해서 뿐 아니라―그를 넘어서서―사회의 전체
상태, 세계평화, 지구환경 등등에 대해서도 책임의식을 가질
것을 누누이 호소 받는다. 하지만 또한 우리 각자는 자신들만

181

의 "소규모 집단"을 형성하여 도덕과 비도덕에 대해 합의를 하는 통치하는 자들에 의해 자신의 책임을 감경 받는다. 앞서 인용했던 철학자 벡커Werner Becker는 다음과 같이 말하고 있다.

그렇지만 윤리라는 고상한 화법으로 우리에게 부여되고 있는 것은 사실은 사랑방 손님이 가지고 있는 것과 같은 희망에 지나지 않는다. 그러한 화법이 유혹적인 것은 그것이 민주주의에서 언술되고 있기 때문인바, 여기서 시민은 애초부터 날마다 자신이 실제로 주권자라는 환상을 가진다(Becker, 1989, 200쪽).

환상은 인간 심리구조의 중요한 부분이기 때문에 이러한 환상은 많은 인간들의 소망 속에 비교적 쉽게 안착할 수 있다. 하지만 만약 개인이 주권자라는 환상에 빠지는 대신, 자신에게 이러한 환상을 심어주는 모든 자들의 의도를 간파한다면, 실망을 상당 부분 줄일 수도 있다.

제5장

이 세상에서 "선"의 기회

자기애는 극악무도함과는 거리가 멀다.

이는 모든 인간에게 본성적으로 내재하는 감정이다.

프란시스 M. 볼테르

인간은 짧든 길든 이런 저런 상태에서 살아간다.

자신의 삶을 즐기고 그 중에서 최고를 다른 사람에게 전달한다.

게다가 그렇게 하도록 그가 소속되어 있는 사회가 그를 돕는다.

요한 고트프리트 헤르더

우리는 너무 많은 도덕은 감당할 수 없다. 특히 우리는 도덕적 요구들에 대해 제기되었던 많은 것들이 동시에 저절로 폐기되었거나—폐기를 향해 가면서—이중도덕으로 해체되고 있음을 알아야 한다.

 선한 것을 설교하는 설교자들로부터 우리를 보호하자! 특히 어떤 희생을 치르더라도 선한 것을 관철시키려고 하는 자들로부터 우리를 지켜내자! 무엇이 선하고 무엇이 나쁜 것인지를 알고 있다고 믿는 사람들이 그것을 여기저기 떠들고 다니는 것은 단순한 생물학적(생물심리학적) 사실이다. 우리는 이것을 참아내야 할 것이지만, 그러한 자들은 다중을 동원하여 생각이 다른 자들을 차별할 뿐 아니라 —그들에게 빠져 있는 다중의 도움으로— 박해하고, 물리적으로 위협하거나 제거하는 데 성공한다^{제3장 참조}. 이에 대해 우리는 우리 자신을 어떻게 방어할 수 있는가? 우리는 자칭 선한 것을 우리에게 이식시키려고 할 뿐 아니라, 그를 넘어서서 자칭 악한 것이라고 생각하는 모든 것을 제거하려는 자들로부터 우리를 보호하기 위해 무엇을 해야 하는가?

윤리학이라는 철학의 분과가 여기에 도움이 될 수 있다. 윤리학은 인간과 인간의 행위에 관한 경험적인 사실을 진지하게 취급하는 응용과학의 일종인 **실천철학**이라고 이해할 수 있다. 우리는 이데올로기적 그리고/또는 종교적인 "세계공식"으로 표현된 위대한 목표를 가졌던 많은 도덕체계가 형편없이 좌초하였다는 사실을 알아야 한다. 그리고 그것이 좌초하기 전에 수많은 사람들에게 엄청난 고통을 가져다주었다는 점도 알아야 한다.

여기서 다음과 같은 테제를 논의에 붙이고 싶다. 즉, 모든 개인이 자기 자신의 삶에 대해 최고의 가치를 부여하는 데 스스로 동의한다면(이 점은 생물학적 기대와 일치하고, 따라서 어렵지 않은 일일 것인바), 어떠한 것이든 보다 높은 도덕적 심급을 필요로 하지 않는다는 테제이다. 각 개인이 자신의 삶에 만족한다면—이것이 행복을 의미하는 것은 아니지만— 적어도 타인들에 의해 방해받지 않는 삶을 사는 한, 그 타인들도 방해하지 않아야 그들 역시 만족스러운 삶을 얻을 수 있게 된다.

　이것이 너무 단순하게 짜인 구도라고 반론을 제기할지 모르겠다. 하지만 이미 아인슈타인도 한 인간의 진정한 가치는 무엇보다도 자기 자신이 만족스러운 이르는 정도와 의미에 의해 결정된다고 언급한 바 있다. 아인슈타인에게 윤리적인 문제에 대해 권위를 부여하지 않는다고 하더라도 우리는 이러한 언명이 경험적 사실에 부합되는 무시될 수 없는 인간의 본성을 반영하고 있는 것임을 인정해야 한다. 우리가 수많은 전통적인 도덕체계에 대해 뼛속깊이 박혀 있는 생각과 작별을 고한다면, 위의 테제를 근거지우기 위해 어떤 힘든 수고도 들일 필요가 없다. 위의 테제는 결국 도덕적 개인주의로 귀결된다.

도덕적 개인주의자

　인간은 한편으로는 자기 스스로를 — 種으로서—모든 다른 자연의 창조물보다 고귀하다고 여기고 있고, 다른 창조물들이 자신을 둘러싸고 있는 자연에서 오로지 자신과 자신의 필요를 위해서만 존재하는 것인 양 그들을 지배하고 있다(하지만 비교적 신생 학문인 **환경윤리학**은 오늘날 인간에게 자연의 가치를 일깨우고 있다).

다른 한편으로, 인간은—개인으로서—같은 동료들에 의해 끊임없이 절제와 겸손을 가지고 행위하도록 요구를 받고 있다. **자기부정**이 여러 종교에서 선전되고 있거니와, 우리는 세속적인 일상생활 속에서도 우리와 동일한 인간들에 의해 계속 스스로를 중요하게 생각하지 말도록 경고 받고 있는 것이다. 인류의 전체 역사가 개인에 대한 **압제**의 역사가 아닌 이상, 이것만 가지고 그렇게 나쁘게만 볼 수는 없을 것이고, 우리의 자의식도 그렇게 생각하며 그럭저럭 살아갈 수 있을 것이다.

하지만 "개인주의"는 지배자에게 언제나 위험요소였고, 이 점은 오늘날에도 마찬가지이다. 타인과 **다를 수 있고**, 자신의 개인적 필요에 맞추어 살아갈 수 있는 가능성을 잘 알고 있는 자에 대해서는 항상 그의 직업 생활과 여타의 활동에서 삐딱한 시선이 기다리고 있다. 즉, 개인주의자들이 경탄과 부러움의 대상이 되는 것은 분명하지만, 도덕적인 관점에서는 개인주의자를 그렇게 신뢰하지 않으려 한다. 때문에 그는 동시에 의심의 대상이 되기도 한다. 역사적으로는 특정 시기에만—고대, 르네상스, 계몽주의 시대—개인주의의 독자적 가치가 인정되었지만, 그것을 인정한 자들이야말로 스스로 개인주의자들이었고, 그들은 결코 편안한 삶을 살지 못했었다.

오늘날이 과거에 비해 개인에게 허용되는 것이 훨씬 많다고 생각하는 자는 착각에 빠져 있다고 할 수 있다. 개인에게 있는 "별스러움"에 대해 관용이 이루어지기는 하지만, 그렇게 되기 위해서는 그 대가를 톡톡히 치러야 하고, 그 후에는 항상 은폐된 제재를 염두에 두어야 하기 때문이다. 그럼에도 불구하고 우리는 여전히 도덕을 벗어나지 못하고 있다.

　인간 종의 본성을 익히 알고 있는 비판적 철학자는 모든 도덕체계에는 이기주의(그것을 자기애든 그밖에 다른 어떤 이름으로 불리든 간에)가 고려되어야 한다는 점을 인정하였음은 이미 앞에서 언급하였다. 따라서 자기부정 대신에 구축해야 할 것은 **자기우선**이다. 특별하게 이 점을 간파한 이가 스위스의 윤리학자 장 클로드 볼프Jean-Claude Wolf였는데, 그는 『이기주의와 도덕*Egoismus und Moral*』이라는 소책자에서 다음과 같이 언급하였다.

　　자신의 삶을 체념하지 않고, 다른 사람들은 물론이고 다른 것들을 위해서도 자신을 희생시키지 않으면서, 자기 일상이나 업무에서 소외의 그림자를 가능한 한 줄이려고 하는 자는, 자신의 삶을 회고함에 있어 후회할 것이 거의 없다. 개인윤리에서 이기주의는 유리한 상황에서 자신의 삶에 대해 의미와 중요성을 부여할 수 있는데, 바로 이 점에서 자기부정 및 자기비하라는 금욕적인 도덕에 견주어 비교 우위가 존재한다. 이기적인 사람들은 삶을 사랑하며, 다시 한 번 살아갈 준비가 되어 있다(Wolf, 2007, 64쪽).

인생을 두 번 사는 것은 동화나 신화를 제외하고는 누구에게도 허용되지 않는다. 개인적으로 의미 있는 삶은 오직 단 한 번의 삶이다.

물론 볼프를 잘못 이해할 수 있고, 그가 도덕적 이기주의— 나는 이 표현보다는 오히려 **도덕적 개인주의**라는 표현을 즐겨 사용한다—의 옹호자로서, 개인에 대해 자기 스스로에게 돌아가 타인을 철저하게 무관심으로 대하거나 의식적으로 비도덕적 행위를 하도록 호소하고 있는 것으로 생각할 수도 있다. 하지만 이러한 생각은 여러 저작^{참고문헌 참조}에서 이기주의자들이 어떻게 철두철미하게 공동생활을 할 능력을 가지고 있었으며, 또한 도덕적으로 행위할 수 있었던가를 보여주려 했던 볼프를 오해한 것이다. 개인적으로 나는 볼프를 사랑받을 만한 사람으로 알고 있다. 그는 도움을 주는 일과 협력의 모든 전제조건을 갖추고 있는 자이다. 그는 동물윤리학이나 동물권을 옹호하는 운동에도 열렬하게 참여하면서, 자기 자신의 소망을 외부로 표현할 수 없는 피조물(생물)을 위해 헌신하고 있다. 뿐만 아니라 그는 동정심이 없는 자도 아니다. 물론 동정심 없음과 타자를 위한 희생 사이에는 많은 행위 가능성들이 존재한다. 이 가능성들은 행위자 자신에게뿐 아니라 그의 행위로부터 이익을 누리는 자들에게도 긍정적인 효과를 가지고 있다.

나는 이 장에서 고정적으로 주어져 변하지 않는 가치들을 주장하면서 이러한 가치들을 모든 타인들에게 강요하려는 도덕주의자보다 바로 도덕적 개인주의자가 오히려 모든 사회를 위해 더 나은 대안이 될 수 있다는 근거를 제시해 보이려고 한다.

여기서 다시 한 번 히틀러에 대해 생각해 보자. 우리는 히틀러가 스스로 자기부정과 자기비하를 실천한 자라고 주장할 수 없다는 것을 분명히 안다. 그러나 오히려 다른 많은 관점에서 볼 때, 그가 우리에게 도덕적 개인주의자의 전형으로 보이는 측면이 있음을 부인할 수 없다. 하지만 그를 도덕적 개인주의자와 원칙적으로—그리고 부정적인 의미에서—대조적으로 만든 것은 그의 제어되지 않은 충동, 즉 올바른 개인의 삶과 사회생활에 관한 자신의 생각을 모두에게 강요하고, 그로써 인류의 절반을 타락시키고자 한, 그의 억제되지 않은 충동이었다. 이에 대해 파이어아벤트는 좀 더 부드러우면서도 설득력 있는 어법으로 이렇게 말하였다. "『나의 투쟁』은 (…) 히틀러와 아무런 관계가 없었던 것들에 관한 많은 해결방안들을 가지고 있다."(Feyerabend, 1980, 297쪽)

하지만 히틀러가 자신에게 다음과 같은 충고를 해 주는 순수한 도덕적 개인주의자들에 둘러싸여 있었다고 가정해 보자. "사랑하는 히틀러야, 네가 중요하다고 생각하는, 너의 독자적인 계획과 기획을 가지고 있음은 나무랄 데 없는 일이다. 하지만 너는 우리도 우리 자신의 이익을 추구하고, 마찬가지로 그것을 중요한 것으로 여긴다는 것을 알아야 한단다. 우리에게 너무 많은 기대를 하지 말거라. 우리도 너에게 무리한 요구를 하지 않을게."

나아가 기회가 있을 때마다 "하일, 히틀러!"라고 큰 소리로 외치는 대신, 수백만의 사람들이 "지도자"를 향해 멍청이라는 말을 퉁명스럽게 내던진다고 생각해 보자. 물론 이제 와서 우리가 역사의 바퀴를 되돌릴 수는 없을 뿐만 아니라, 1930년대의 사회적, 경제적 그리고 정치적 상황이 오늘날과 동일하지 않다는 점은 알아야 한다.

오늘날의 관점에서 보면, 우리는 당시 그들 나름대로 걱정과 위기와 희망을 가졌던 사람들과는 전혀 다르게 그때의 불행한 시절에 대해 평가를 내릴 수 있다. 그들은 히틀러를 인류 역사에서 가장 흉측한 괴물 중의 하나가 아니라 행운을 가져다주는 사람으로 보았다. 앞서 언급된 행위 동인이 그들을 그렇게 만들었다. 특히 **우리**는 히틀러가 권력을 손아귀에 넣었던 일이 초래한 **결과**를 이미 알고 있다. 우리에게 알려진 결과를 토대로 삼는다면, 히틀러 및 히틀러와 본질적으로 유사한 인물은 장차 어떤 경우에도 막아야 한다.

20세기 가장 중요한 사상가 중의 한사람인 버트런드 러셀 Bertrand Russell(1872~1970)은 인류의 불행을 두 가지 종류로 나눌 수 있다고 하였다. 하나는 우리가 막을 수 없는 자연재앙이고, 또 다른 하나는 인간이 다른 인간에게 가하는 해악이라고 하였다. 우리는 후자를 어떻게 피할 수 있을까? 그것은 다음과 같은 방법뿐이다. 즉, 우리 개인 삶의 독자적 가치를 자각하고, 그 독자적 가치를 타인들에 대해서도 인정하며, 만약 타인들이 그들 자신뿐 아니라 타인들의 행복까지도 규정하려는 의도를 표명한다면, 즉각 그들에게 자제를 요청하는 것이다. 이와 관련하여 다시 한 번 볼프의 말을 인용해 보자.

개인적 이기주의자는 정치적으로 동원된 집단 이기주의 또는 음모적인 형태의 집단 이기주의와 일정한 거리를 유지한다. 개인적 이기주의자는 그 자신의 도덕에 약간의 특이행동을 뒤섞지만, 이 특이행동은 개인적 이기주의자로 하여금 스스로 자신의 계급, 인종 또는 자신의 성별에 함몰되지 않도록 해 준다.
개인적 이기주의자는 자유주의의 변종이라고 할 수 있을 정도로 자유주의와 유사성을 가지고 있지만, 전체주의와는 아무런 유사성이 없다. 개인적 이기주의자에게 맹목적 집단의식이나 관직, 법률 또는 제도에 굴복시키는 일이란 일종의 만행이다. 따라서 개인주의적 이기주의자는 반권위주의적 무정부주의에 가깝다. 개인적 이기주의자는 "승리하는 프롤레타리아 계급" "인종의 순수성" 또는 "국가의 기대"와 같은 추상적 개념이나 이상에 더 깊게 구속되는 것을 믿지 않는다(Wolf, 2007, 42쪽).

내가 생각하는 것을 이 이상으로 더 잘 표현할 수는 없을 것이다. 여기서 내가 보탤 수 있는 것은 지극히 개인적이며 조그마한 경험에 대해 한마디 해 보는 일일 뿐이다. 나는 학창시절 체육시간을 혐오했는데, 그 이유는 당시 나는 내가 왜 20여 명의 다른 학생들과 함께 특히 지적이지도 않은 체육선생의 명령에 따라 몸을 비틀고 바보같이 이리저리 껑충껑충 뛰어야 하는지에 대해 이해하려고 하지 않았기 때문이었다.

여기서 **시민 불복종**의 중요성에 대해서도 언급해 둘 필요가 있다. 우리는 국회에서 결의된 법률을 무조건 구속적인 것으로 보지 말아야 한다. 우리는 많은 법률들이 그 초안을 사전에 한 번도 읽지 않고 실제로 의결되는 것에 대해 특별히 관심도 없는 국회의원들에 의해 그때그때 의결되고 있음을 주목하지 않으면 안 된다. 많은 법률들이 그 전제조건들이나 그것이 미칠 수 있는 효과들에 대해 깊은 고려를 하지 않은 채 서둘러 통과된다. 그 법률에 대해 절대적인 존중을 요구하는 자는 이러한 상황을 한 번 그려봐야 할 것이다. 뿐만 아니라 많은 법률들이 처음부터 시민들의 권리를 제한하거나 개인의 권리를 박탈하려는 목적에 이바지한다. 이와 관련하여 유럽연합의 기술관료들의 규제욕구는 거의 광적인 수준에 도달하고 있다. 하지만 이러한 규제욕구는 역동적인 시스템 원칙들에 의해 저절로 멈추게 되고, 성숙한 시민들은 그 광적 상태를 치유하기 위해 별도로 힘을 모을 필요는 없을 것이란 희망을 가져도 무방하다.

도덕적 개인주의자는 자신의 환경에서 고립되어 살지 않는다. 그는 감시의 눈초리를 떼지 않기 때문에 자신의 개인주의를 위협하는 모든 위험들을 직관적으로 알아차린다. 그의 구호는 "싹수부터 자르라!"이다. 도덕적 개인주의자는 반도덕주의자가 아니다. 그는 성향적으로 타인을 기꺼이 돕는다[제1장 에피그라프 실러의 인용을 참고하라]. 그는 사회적인 교제를 즐기지만, 지속적으로 다른 사람들과 접촉하도록 강요당하는 것을 원치는 않는다. 그는 스스로 뭔가를 시작할 줄 알기 때문이다. 그에게는 도덕규정들도 필요 없다. 왜냐하면 그는 어느 누구에게도 손해를 입히지 않고, 그저 조용하게 내버려 두기를 원하기 때문이다. 그는 상대적으로 관용적이다. 다른 사람들도 비슷한 목표를 추구한다는 것을 잘 생각할 수 있기 때문이다. 하지만 그가 만약 다른 사람들이 자신의 관용을 악용하거나 그 자신에 대해 관용하지 않는다는 사실을 알게 될 경우에는 그도 더 이상 관용을 보이지 않는다.

마지막으로 지적해 두고 싶은 것은, 모든 사람은 자기 삶을 스스로 이끌어가면서 참을 수 없는 듯 보이는 조건들이 생길 때면 그 삶을 스스로 종결시킬 수 있는 권리를 가진다는 점이다. 이때 언급되는 자살의 문제는 매우 복잡한 문제이고, 많은 경우 자살을 결심한 자들로 하여금 그들의 계획을 실천에 옮기지 못하게 하는 것이 절실히 요구된다. 여기서 이 문제를 더 자세히 파고 들어갈 수는 없다. 이에 관해서는 이에 부합하는 논거들을 어느 정도 설득력 있게 설명한 나의 책 『생명윤리학 *Bioethik*』^{참고문헌 참조}을 참조하기 바란다. 도덕적 개인주의자의 관용과 불관용이라는 관점에서 보았을 때, 다음과 같은 생각이 설득력을 가질 수 있기를 희망한다.

몸이 좋지 않은 어떤 사람이 고온으로 가열된 돌 위에 소변을 보면 상태가 좋아질 수 있다는 믿음을 주입받게 된 예를 가정해 보자(이러한 가정이 이미 오래전에 극복된 터무니없는 것으로 느껴지는 사람에게는, 다양한 시기에 있었던 민중들의 신화나 풍속에 관한 예를 들어 볼 수 있을 것이다). 이 일과 관계없는 제3자에게 손해를 가할 수 있는 위험한 믿음은 아니기 때문에 우리는 당사자로 하여금 그러한 구체적인 행위를 하지 못하도록 막을 권리는 없다. 도덕적 개인주의자도 그렇게 생각할 것이다. 어쩌면 당사자는 심지어—심리학에서 인정된 자기실현적 예언을 기억한다면— 행위 후에 실제로 몸이 더 좋아진 느낌을 받을 수도 있을 것이다.

그러나 우연적으로라도 그러한 믿음을 신봉할 리 없는 도덕적 개인주의자는 함께 소변을 보자는 권유에 설득당하지도 않을 것이며, 그러한 소변보기를 선전하는 캠페인에 동참하지도 않을 것이다. 기껏해야 그는 멀찌감치 물러서서 그 일을 흥미로운 표정으로 재미삼아 관찰할 뿐이다.

다른 사람이나 다른 집단의 행위에 대해 우리는 어느 정도로 관용적이어야 할까? 도덕적 개인주의자는 무관심한 자가 아니다. 도덕적 개인주의자는 개인이 타인의 고유성을 위협하는 것을 보게 되면 분노할 수 있고, 자신의 분노를 표출할 줄 안다(그도 다음 차례로 위협을 받을 수 있을 것이기 때문이다). 도덕적 개인주의자는 예컨대 강간과 아동학대는 정언적으로 거부할 뿐 아니라, 가능한 경우에는 그것을 언제나 저지하려고 하지만, 관여된 자들이 모두 즐기고 있는 한 그들의 모든 성적 취향과 선호는 수용한다. 도덕적 개인주의자는 어느 문화권에서는 사형감으로 여겨지는 간통을 저지른 여자에게 돌을 던지는 일조차도 어깨를 움칫하며 또 다른 도덕일 뿐이라면서 받아들이지 않을 것이다. 달리 말하면 우리는 모든 사람들, 모든 행위양태들 그리고 이러한 행위양태들을 규율하는 규범들을 모두 똑같이 대할 수 없다. 그렇게 해서는 안 된다. 파이어아벤트가 말하고 있듯이, "서로 다른 얼굴들, 집단들 그리고 공동체들을 서로 다른 감정을 가지고 대하는 것이 모든 (개인적이고 집단적인) 특이성을 균질화하는 인도적 감정보다 더 인간적으로 보인다."(Feyerabend, 1995, 76쪽).

한 문화권 내에서 전통을 가진 어떤 가치관들과 규범들이 육성되고 있는가에 대해서는, 그것들이 각 개인의 생활가치들을 명백하게 침해하고 있지 않는 한, 문제될 것이 없다. 한 가지 분명한 것은 세상 어디에서도—분명한 마조히스트를 제외하고는—사람들은 고통을 당하려고 하지 않는다는 것이고, 세상 어느 곳이든—자살을 결심한 경우가 아니라면—사람들은 죽임을 당하려 하지 않는다는 것이다. 누구에게도 실제적인 손상을 입히지 않고 오로지 가치들만 침해할 뿐인 행위양태에 대해 고문을 하고 사형을 선고하는 것도 도덕의 가장 추악한 기형이다.

도덕주의자들을 조심하라!

"도덕주의자"는 어떤 자인가? 그리고 "도덕주의"란 무엇인가? 여기서 도덕주의나 도덕주의자는 다의적인 표현들이다. 첫째, 나는 도덕주의자를 자기 자신의 도덕적 기준이―혹은 자기가 속해 있는 집단의 도덕적 기준들이―**모든** 도덕의 극치라고 생각하는 자를 지칭하는 것으로 생각한다. 둘째, (인간의) 삶의 다른 측면에 대해 도덕(도덕성)을 과대평가하는 자를 도덕주의자라고 이해한다. 여기서 한 가지 전제해야 할 점은, 예컨대 우리가 책을 읽거나, 영화를 보거나, 어떤 음식을 먹거나 포도주 한 잔을 마실 때에는 굳이 도덕적 기준을 따르지 않는다는 점이다. 우리는 이런 유의 많은 일들을 단순히 즐거움을 주기 때문에, 단순히 그렇게 하고 싶기 때문에 혹은 단순히 시간을 죽이고 싶기 때문에 그렇게 한다(이를 위해 우리는 누구에게도 책임을 묻지 않는다). 이미 앞에서 언급하였듯이, 비록 원칙적으로 도덕을 포기할 수는 없지만, 우리 삶은 어떠한 도덕적인 원칙들도 필요치 않은 많은 측면들이 존재한다.

도덕주의자는 우리 삶의 모든 활동들을 도덕적인 관점에서 평가하는 자이다. 도덕주의자는, 남들이 자기 행위를 할 때 사전에 어떤 도덕체계 속에 그 행위를 분류해 넣을 것인지를 전혀 생각하지 않고도 행위할 수 있다는 점을 상상조차 할 수 없는 자이다. 또한 도덕주의자는 자신과 직접적으로 사회적인 상호관계 속에 있지 않은 사람들에게도 많은 것을 금지하려고 한다. 예컨대, "적절한 삶을 영위하는 것"에 부합하지 않는다는 이유로 포도주를 마시지도 못하게 한다. 도덕주의자들은 자신과 가까운 데 있는 어떤 사람이라도 "적절한 삶"에 관한 자기 자신의 기준에 부합하지 않는다는 것을 알게 되면, 일반적으로 손가락질을 하곤 한다. 그들은—어떤 개인적인 이유에서든지 간에—스스로 허용될 수 없거나 허용되어서는 안 된다고 생각하는 것을 마찬가지로 다른 사람들에게도 금지시키려고 한다. 따라서 그들은 밀고자적 성향도 가지고 있다. 모든 독재의 결과는, 특히 몇 가지의 생활원칙들이나 일정한 도덕적 규칙들만이 허용되어야 한다는 확신을 가진, 독재자들의 충복과도 같은 수많은 멍청이들을 믿을만한 존재들로 여겼기 때문이라고 할 수 있다.

독재가 가능한 데에는 우리의 계통발생사에 깊게 뿌리내리고 있는 한 가지 오래된 원칙, 즉 자기 자신이 속해 있는 집단 규범과 일치하지 않는 모든 것은 나쁜 것임이 확실하다는 원칙도 일조한다. 살로몬은 이에 대해 앞서 인용된 자신의 저서에서 다음과 같이 적고 있다.

추호의 동정도 없이 밀어붙여야 할 대상이 되는 자들은 "달리 취급할 가치도 가지고 있지 않은" 자들이고, 자세히 관찰해 보면 "인간이 아니라" 오히려 "짐승"이고, 그들 모두는 "선한 이유"를 가진 "선한 인간들"이 철저하게 경멸

해야 하는 바를 대표하는 자들이라는 인상만을 불러일으
켜야 한다. "타자들"이 이러한 방식으로 비인간화하면, 그
타자들은 우리가 그에 대해 강력한 저항을 하는 "보편적인
고통의 주체"가 된다(Schmidt-Salomon, 2009, 68쪽).

물론 여기에서 문제가 되는 것은 "타인들"만이 아니다. "악
인" "나쁜 사람들"은 교체될 수 있다. 유대인들이 될 수도 있고,
호모들이 될 수도 있으며, 비만자들이 될 수도 있으며, 흡연자
들이 될 수도 있다…… 그에 상응하는 이데올로기가 전제될
경우, 실제로 모든 임의의 집단들이 차별받고 박해를 받을 수
있다. 예컨대 어떤 이데올로기가 채식주의적 생활양식을 규정
한다면, 구운 돼지고기를 먹는 것이 관찰된 모든 자는 손쉽게
"살인자"라는 딱지가 붙고, 극단적인 경우에는 심지어 살인자
와 동일한 취급을 받을 수도 있다.

복종적이고 비굴한 행태는 많은 포유동물 사회에서 널리 알
려져 있다. 대표적으로 늑대와 개의 굴종적인 몸짓이 그러한
예에 해당한다. 영장류로서 우리는 "협박의 우회"를 알고 있
다. 즉, 짐승들은 자신보다 지위가 높은 개체로부터 직접 받게
되는 공격성을 지위가 낮은 개체에게 다시 보여준다. "아래로
는 짓밟고, 위로는 굽실거린다."는 것은 인간에게서만 발견되
는 행동양식이 아니다. 예컨대 털 없는 비비원숭이 암컷들은

할렘의 주인의 눈앞에서는 자신들의 갈등을 참아 낸다. 하지만 이때 한 암컷이 할렘의 주인과 그 적대자 사이에 놓이게 된다면, 이 암컷은 자기 엉덩이 부분은—진정시키는 몸짓으로—할렘의 주인에게 보여주면서, 자신의 적대자를 위협한다. 그러면 그 적대자는 강하게 저항하기가 어렵게 된다. 왜냐하면 그 적대자의 공격은 자동적으로 할렘의 주인을 향한 것이 되고, 곧 벌을 받게 될 것이기 때문이다.

우리 가운데 도덕주의자들의 행동도 이와 유사성을 보인다. 그들은 직접 자기 엉덩이를 보여주지는 않지만(이는 대부분의 경우 진정시키는 몸짓으로 해석되지도 않을 것이다. 하지만 반대로 뒤에서 굽실거림으로써), 동시에 다르게 생각하는 모든 타인들에게 그 가능성을 제한하기 위해 스스로 알랑거릴 수 있는(즉, 뒤에서 굽실거릴 수 있는, 정치적·종교적) 지도자를 필요로 한다. 물론 이것은 **알아서 기는 것**일 수도 있다. 사람들은 실제로 명령이 있기도 전에 지도자의 마음에 들기 위해 행동한다. 그리고 이 경우 사람들은 항상 다음과 같은 모토에 따라 타인에게 주의를 기울인다. "나는 헌신하는데, 다른 사람들은 그렇지 않아. 그들은 벌을 받아야 돼." 히틀러 정부와 다른 독재자들은 이러한 행동에서 많은 이득을 챙겼다.

대부분의 인간은 동물들 가운데 알파(시원)적 존재 아니고, 알파적 존재가 아닌 자들은 아무것도 금지할 수 없기 때문에,

이들은 "보다 높은 심급"이―국가 또는 유럽연합이―자기네들이 원하며 옳다고 여기는 것들을 정확하게 관철시킬 것이라고 기꺼이 신뢰한다.

이러한 맥락에서 인간의 진화론적 유산에 해당하는 두 가지 대립적인 행동경향성을 상기해야 한다. 그 중 하나는 **지배**를 하기 위해 노력하는 경향성이고, 다른 하나는 **굴종**적인 성향이다. 지배적 지위, 즉 알파적 지위는 추구할만한 가치가 있지만, 막대한 비용이 요구된다. 그래서 먼저 달갑잖은 적들로부터 자유로워져야 하며, 일단 그러한 지위에 도달하면 항상 관찰의 대상이 되고 높은 지위를 반복적으로 방어해야 하는 등의 노력을 기울여야 한다(정치인들은 이를 잘 알고 있다). 경우에 따라 스스로 낮추어야 하는 것이 훨씬 가치가 있을 때도 있다. 특히 이러한 방법으로 모든 책임을 면할 수도 있다("책임은 상부에서 조정하기 때문이다"). 여러 가지 관점에서 도덕적인 엄격주의자였던 칸트는 인간의 행위에 관해 충분하게 알게 된 후, 『계몽이란 무엇인가라는 물음에 대한 대답*Beantwortung der Frage: Was ist Aufklärung*』(1785)이라는 자신의 저술에서 다음과 같이 확인하고 있다.

미성년으로 있는 것은 매우 편하다. 나를 위해 지식을 담고 있는 책, 나를 위해 양심을 가진 목사, 내게 맞는 식단을 정하여 주는 의사가 있다면, 나는 스스로 노력할 필요가 없고, 나를 위해 다른 사람들이 귀찮은 일을 떠맡게 될 것이다. 우리가 생각하는 것보다 훨씬 많은 사람들은, 성년의 단계를 매우 어렵게 생각하는 것은 논외로 하더라도, 성년의 단계를 매우 위험한 것으로 여기기도 한다. 그들에 대한 감독을 가장 친절하게 해 준 후견인들도 그 점에 대해 우려한다. 그들은 자기 가축들을 바보같이 만들고, 이 고분고분한 것들이 수레를 끄는 것 외에 감히 한 발자국도 움직이지 못하도록 조심스럽게 예방조치를 취한 후, 배후에서 그 가축들이 혼자 나가려고 시도할 때 미칠 수 있는 위험을 보여준다. 하지만 이 위험은 그다지 큰 위험도 아니다. 왜냐하면 그 가축들은 몇몇 사례를 통해 결국 울타리 밖으로 나가도 된다는 사실을 배우게 될 것이기 때문이다(Kant, 1968, 9권, 53쪽 이하).

이 몇 줄의 글은 놀라우리만큼 현실성을 가지고 있다. 병리학적으로 어느 정도 개인에 대한 후견이 인정될 것인지—그리고 그 사이에 인정되었는지—칸트는 물론 예상할 수 없었다. 하지만 그는 인간에게 노예적 성향이 있고, 많은 인간들은 자기 자신의 운명까지도 자기 손으로 붙잡을 수 있는 능력이 없음을 알고 있었다.

이제 다시 도덕적 개인주의자에게 초점을 맞추어 보자. 도덕적 개인주의자는 이 모든 위험을 알고 있고, 이러한 위험에 호락호락 넘어가지 않는다. 자기 자신의 도덕적 요구들을 대부분 관철시킬 수 없기 때문에 모호한 정치적 도덕주의자들이나 종교적 지도자의 품에 자신을 던지는(이런 상황에서도 다른 사람의 신체 부분에 폐를 끼치지 않으려 애쓰는) 도덕주의자들과 반대로 아무것도 "관철"시키려 하지 않는다. 그는 스스로 예속되려고 하지도 않고, 단지 그냥 그대로 놔두려고 한다. 물론 현실은 그렇지 못하며, 그것은 그의 경건한 소망에 그칠 뿐인 경우가 많다.

몇몇 사람의 머리에서 나온 도덕적 관념들이 많은 다른 사람들을 강압하거나 강제할 가능성이 존재하는 한, 도덕적 개인주의자들은 어려움을 겪는다. 원래 모든 게 자신들의 요구사항과 일치하는 것인 듯 살아가면서 기꺼이 조종당하려는 사람들이 있는가 하면, 자신의 생각이 올바른 도덕관념인 듯 말하며 이것을 관철시키기 위해서 무슨 일이든 하는 사람들도 있기 마련이기 때문이다. 권력을 가진 사람들과 그들에게 충복과도 같은 이 멍청이들은 오래전부터 불경한 동맹을 형성해왔다. 일정한 행위양태가 일단 비도덕적이라고 판단되면, 그러한 행위양태를 형벌로 금지하는 법률을 쉽게 만들 수 있었다.

이에 가장 적절한 사례 가운데 하나가 마약소비이다. 우리는 모든 종류의 환각제가 우리의 전체 문화사 속에 같이 있어

왔고, 인간이 아닌 생명체도 일정한 식물을 소비함으로써 때때로 환각상태에 빠질 줄 안다는 사실을 알고 있다. 문학과 음악에서 많은 위대한 작품들은 그 창조자들이 예술적이고 의식을 확장시키는 자극제를 이용하지 않았다면 생겨나지도 못했을 것이다. 하지만 청교도주의에 기초한 도덕은 말짱한 정신상태를 요구하면서 그와 달리 행위하는 자에 대해(비록 그들이 자신들의 행위를 통해 누구에게도 손해를 끼치지 않고 오직 그들의 행복을 촉진할 뿐인데도) 형벌을 부과하려고 한다. 그 결과 마약의 사용이나 거래에 대해 가차 없는 전쟁이 선포되었던 것이다. 많은 나라에서는 소량의 환각제를 소비하기만 해도 사형에 처할 수 있도록 하고 있다. 모든 국경 검문소와 공항에서 마약을 수색하는 신경질적인 탐지가 이루어지고 있다. 마약 탐지라는 목적을 위해 마약견을 별도로 훈련시켜—대부분 무고한—여행자들의 짐에서 마약이 있는지를 킁킁거리며 살피게 만든다. 누군가가 자신의 정원이나 발코니의 화단에서 환각제와 유사한 물질을 함유하거나 만들어 내는 소량의 식물을 키운다면, 이웃의 밀고를 경계해야 하고 경찰의 일제 검문을 받을 각오를 해야 한다. 배우들이나 음악인들은 자신의 호주머니에서 소량의 헤로인이 우연히 발견되면, 신문으로부터 달갑지 않는 머리기사를 선물 받게 된다. 구태여 이에 관한 사례를 언급하지 않아도 충분하다. 대중매체는 잊힐만하면 이러한 예들을 우려먹는다. 하지만 도덕가, 입법자, 행정가 그리고 대중매체는 (이들이 모두 일치단결하는 것은 드문 일이지만) 마약투쟁을 맹세하면서도, 정작 마약을 둘러싼 현실적인 위험성이 어느 정도인가에 대해서는 어림짐작도 못하고 있다. 경찰에 의한 마약 압수는 신문지상과 텔레비전 뉴스에서 거의 축제와 같이 성공적으로 보고되고 있다. 경찰, 검찰 그리고 대중매체는 마약─그 사용과 거래─을 퇴치하기 위한 투쟁이 성공할 수 없는 일임을 알아차리지 못하고 있다. 인류의 역사를 보면 환각제는 항상 만들어졌고, 미래에도 여전히 만들어질 것이다. 미국의 역사를 통해 배울 수 있듯이 인간으로 하여금 일정한 행위양태들을 방지하기 위한 수단으로서의 **금지규범**은 우리가 상상할 수 있는 최악의 수단임에 분명하다.

어떤 희생을 치르더라도 마약과 투쟁하여야 한다고 믿는 자들에게 명백하게 눈앞에 드러나지 않는 점은, 이른바 마약전쟁은 마약에 대한 단순소비로 인한 인명손실에 비해 훨씬 더 많은 인명을 희생시킨다는 사실이다. 2009년 마약 "전쟁"의 와중에 살해된 사람의 수는 멕시코의 국경도시인 시우다드 수아레즈에서만 2,500명이다(아프가니스탄 내전에서 같은 해 살해된 자의 수는 2,300명이다). 그 도시에서 한 해에 마약소비의 결과로 그렇게 많은─혹은 그 이상의─사람이 사망하리라고는 상상하기 어렵다. 마약소비와 마약거래가 범죄가 되기 때문에 그에 대한 퇴치조치가 득보다는 실이 많은 상황이 만들어지는 것이다. 이렇다면 차라리 마약을 허용하는 편이 권장되고, 그로써 마약을 불법적으로 거래하는 자들도 빈손이 되게 할 수 있을 것이다. 그런데도 무엇 때문에 이러한 움직임에 대해 두려움을 갖는 것일까? 결국에는 알코올음료의 소비와 그 거래도 허용되었다. 누가 "합법적" 마약과 "불법적" 마약의 한계를 결정할 것인가?

아마도 관습 때문일 것이다. 헤로인은 안 되지만 그뤼너 펠틀리너(오스트리아의 화이트와인의 하나—옮긴이)는 괜찮고, 아편은 손대면 안 되지만 맥주는—많은 양이라도—허용된다. 포도주와 맥주를 공공연히 소비할 수 있도록 하였지만, 모든 사람들이 항상 취한 상태로 비틀거리게 된 결과가 빚어진 것은 아니다. 많은 사람들은 술이 허용되어 있어도 거의 마시지 않거나 매우 적게 마신다. 때문에 헤로인, 코카인, 아편 등을 허용하더라도 재앙이 되지는 않을 것이다. 마약과의 전쟁에서 얻은 경험에 따른다면 마약을 허용하더라도 오히려 해악은 더 적을 것이고, 대부분이라고는 할 수 없겠지만 많은 사람들은 애초부터 마약을 사용하지도 않을 것이다. 소량의 하쉬시나 코카인은, 전체적인 대차대조표를 그려보면 알 수 있듯, 도덕을 과잉 복용하는 것보다 해가 적다고 할 수 있다.

우리는 만족해하는 인간을 필요로 한다

나는 이 책의 독자들이 어떤 경험을 하고 있는지 모른다. 하지만 나는 내 지인들의 그룹 내에서 나를 불안하게 하는 기운을 감지한 적이 있다. "잘 지내셨습니까? 잘지내니?"하는 물음에 대해 많은 사람들이 먼저 말없이 "떨떠름한" 표정으로 응대한 후, 또박또박 큰소리로 "뭐가 좋을 리 있겠어?"라던가 "그때는 좋았는데." 따위의 말을 전한다. 많은 경우 나는 그들이 안녕하지 못한 원인을 추측할 수 있지만, 그렇지 못할 경우도 많다. 얼마 전부터는 누군가가 내게 안부를 물어오는 경우에 대비해서 몇 가지 표준적인 대답을 준비해 두고 있다. "좋아(요), 이보다 더 좋을 수는 없을 거야(거예요)."라거나 "최상이야."라거나 "사실은 생각하는 것보다 좋지는 않아(요)." 등과 같은 대답이다. 이러한 대답으로 나는—내가 잘 아는 친구의 경우를 제외하고는—의아함이나 당혹감으로부터 벗어난다. 하지만 그러한 대답을 할 경우에는 누구라도 더 이상 후속 질문을 하지 않을 것임에 분명하다.

하지만 진지하게 생각해 보자. 우리 대다수는 우리 중 어느누가 매우 잘 지내면 안 되는 것으로 배운 것은 아니지 않는가? 다른 사람 앞에서 (다른 사람들이 혹시라도 무사하지 않을 수도 있기 때문에) 자신의 무사나 안녕을 어느 정도 숨기도록 배운 것은 아니지 않는가? "좋은 삶"에 관한 일련의 (철학적) 성찰이 없는 것은 아니다. 하지만 그러한 성찰들 중 다수는 김빠진 여운을 남긴다. 그 점에 대해 여기서 자세하게 설명하지는 않겠지만, 즐거움과 유쾌함을 도덕적(!) 행동의 목표로 보는 **쾌락주의**가 철학에서 실제로 관철된 적은 없었음을 보면 쉽게 이해할 수 있다.

하지만 가장 간단한 (생물학적으로 근거 있는) 경험적 사실은 우리 모두가 쾌락은 얻고 싶어 하고 불쾌는 피해가고 싶어 한다는 점이다. 이 점은 당연히 언제나 알고 있었던 사실이다. 하지만 쾌락에 빠져 나쁜 것에 육체를 맡기려고 하는 사람들은 일반적으로 생각하듯이 도덕적으로나 정치적으로 신뢰할 수 없기 때문에 쾌락주의적 추구를 제한하여야 한다. 심리학과 뇌과학적 지식에 따라 우리는 어떤 사람에게 나쁜 양심을 주입하기란 상대적으로 쉬운 일임을 알고 있다. 따라서 삶속에서나 삶의 방식을 통해 건재하다고 생각하는 사람들에게 (특히 주변의 다른 사람들이 좋지 않게 느낄 때에는) 실제로는 그런 것이 아니라고 분명히 말해주는 게 어려운 일은 아니다. 우리 시대의 많은 사람들이 거의 미친 듯이 건강을 염려하고 있는 현상은 바로 이러한 방향으로 나아가고 있음을 의미한다. 즉, 모든 "건강 상담"은 개개인에게 최상만을 바라도록 조언하고 있지만, 정작 그 개개인이 스스로 무엇을 최적이라 생각하는가에 대해서는 묻지 않는다.

만족해하는, 특히 스스로에게 만족해하는(!) 사람은 모든 이데올로기에 대해 위험한 자이다. 그러한 사람들은 "보다 높은 목표들"을 얻기 어렵거나 얻을 수도 없다. 조지 오웰George Orwell의 음울한 소설 『1984』—점점 더 현실성을 얻어가고 있다!—에서는 "당"이 모든 것을 조절하고 개개인에게는 개인적인 행복을 발견할 수 있는 것은 아무것도 허용하지 않는다. 당은 당연히 사람들의 성관계까지도 관장한다. 왜냐하면 "동물적 본능, 단순한 맹목적 욕구, 그것이 바로 당을 통째로 폭발시킬 힘"(Orwell, 1983, 117쪽)이었기 때문이다. 다른 모든 것, 심지어 혼자 산보를 하는 것도 금지되어 있지는 않지만 금기시되고 있다. 실제로 금지되고 있는 것은 없지만, 자신이 하고 싶은 것을 하는 자는 누구나 미리 혹은 나중에—늦기 전에 빨리—"증발하듯이" 사라지게 될 위험에 처하게 된다. 물론 그 점에 대해서는 암시적으로라도 말해서는 안 된다. 말해도 되는 것이 있다면, 그것은 "새로운 언어"로 말하도록 되어 있다.

사고만 언어에 영향을 미치는 것이 아니다. 언어도 사고에 영향을 미친다. 오웰의 소설에서는 언어들이 계속적으로 박멸되면서 사고를 제한한다. 오늘날 우리는 유사하게 기능하면서 문제를 내포한 현실의 많은 현상 형태들을 커버하는, "정치적으로 흠잡을 데 없는" 언어들을 가지고 있다. 예컨대 "발달장

조지 오웰

애" 학생을 "창의성" 있는 학생으로, "외국인"을 "이주자"로 변
형하면 안도의 한숨을 쉬며 편안함을 느낄 수 있다. 오웰의 소
설에 등장하는 새로운 언어와 비교해 볼 때, 새로운 우리 언어
가 가지는 독창성은 박멸되는 언어 대신 부분적으로는 매우
그럴듯하게 들리는 다른 언어들로 대체되고 있다. 그래서 "미
개족"은 이미 오래전에 거부된 용어이다. 그 대신에 "야생의 약
탈자"로 바뀌었다가 다시 오늘날에는 내가 아는 한 "원주민"이
라는 용어만 사용되고 있다. 물론 그들에게 이러한 언어 사용
은 아무런 도움이 되지 않는다. 왜냐하면 그들은 우리가 그들

을 어떻게 부르든 우리의 문명으로부터 점차적으로 추방되고
있고, 생활공간을 빼앗기고 있으며, (적어도 간접적으로는) 소멸
되어가고 있다. 언어규칙이 불명예스러운 것은 특히 경제 분야
이다. 이 분야에서는 당사자, 단기 신용불량자, 소비 무능력자
가 처해 있는 비참함에 대해 겉치레말만 되풀이 되고 있다. 이
와 관련해서는 할 말이 많지만 주제를 벗어나는 일이 되기에
이쯤에서 그치기로 한다.

　우리는 만족해하는 인간을 필요로 한다. 이 말은 그 자체가
우스운 표현이다. 여기서 말하는 "우리"가 누구인지 확인할 수
없기 때문이다. 다수를 만족하게 만들려는 소수의 사람들을 일
컫는 것일지도 모른다. 하지만 그건 아니다. 그것은 억지 행복
일 수 있기 때문이다. 하지만 여기까지 이 책의 논지를 따라온
독자들은 내가 찾으려고 노력하고 있는 마지막 논거 이상의
것을 예감할 것이다. 그것은 다름 아니라 자신의 삶을 스스로
주도하면서 스스로 만족을 느끼는 도덕적 개인주의자, 즉 성숙
한 시민이 다시금 요구된다는 사실이다. 그러한 자는 우리가
그냥 내버려 두기만 하면 될 것이다!

　개인과 그 개인의 정치적 혹은 종교적 지도자들 사이에는 오
래전부터 원칙적인 충돌이 존재하는데, 이들은 민주사회에서
도 자신의 한계를 쉽게 인정하려 들지 않는다. 카니샤이더가
자신의 저서에서 말하고 있는 것처럼, 이들과 개인 사이의 충

돌은 이데올로기와 전혀 무관하게 선량한 삶을 살고 싶어 하는 시민 개개인의 소망과 신민들에게는 불행을 의미할 뿐인, 그네들의 권력욕에서 나오는 정치적 목표를 쫓아가기 위해 자신의 신분적 지위를 활용하는 지배자들의 목표 사이에 존재하는 이익충돌이다."(Kanitscheider, 2007, 11쪽).

제3제국이나 공산주의 체제의 권력자들을 다시 생각해 볼 것까지도 없다(이러한 자들 가운데 북한은 극단적 형태이고, 쿠바는 보다 온건한 형태로 남아 있다). **모든** 국가는 그 경향성에서 독재적이고, 권력을 가진 자들은 누구나 그들 **자신**의 이익을 관철시키려고 하고, 그들의 "시민들"은 투표권을 행사하는 한도 내에서만 그들에게 관심이 있다. 그래서 정치인들은 악마와 같이 거짓말을 해야 한다. 나는 많은 사람들이 "그들"의 정치인들에 대해 실망하는 모습을 일일이 살펴보고 싶은 마음이 털끝만치도 없다. 다만 그들이 정치인들에 대해 실제로 기대하는 것은 무엇일까?! 이 대목에서 사람들은 내가 자기 모순적이라고 말할 것이다. 하지만 나는 앞에서 정치인들이 자신의 시민들에 아랑곳하지 말고 결단을 내릴 것을 요구하였다. 이는 내가 마치 정치인들의 행동을 정당화하는 것처럼 보일지도 모른다. 하지만 결단코 그건 아니다. 오히려 내가 옹호하는 것은, 모든 시민이 "자신의" 정치인들을 너무 진지하게 신뢰하면서 대하지 말고, 주민소환권을 과감하게 행사하라는 것이다(하지만 그것이 간단치는 않을 것이다). 달리 말하면, 우리는 정치가 어 떻든 **그럼에도 불구하고** 살아갈 수 있고, 자기 자신의 삶의 가능 성에 대해 성찰해야 하며, 이를 관철시키려는 노력까지도 다해 야 한다.

물론 여기서 보다 공정하게 표현한다면, 모든 정치인들이 다 같은 것은 아니라고 해야 한다. 한 도시의 시장은 한 나라의 수 상과 동등하지 않다. 시장은 늑대의 우두머리가 처한 상황과 같이 작은 집단의 사회적 통제를 받는다. 하지만 국가의 수장 은 그렇지 않다. 유럽연합의 의장의 경우에는 더욱 그렇지 않 다. 유럽연합에 속하는 국가의 많은 시민들은 그의 이름조차 모른다. 텔레비전을 통해 한 번씩 그를 보기는 하겠지만, 실제 로 그가 무엇을 생각하는지는 알지 못한다. 특히 선거에서는 정치인들에게 **시민근접성**이 매우 중요하다는 것은 쉽게 실감 할 수 있다. 하지만 그것은 대부분 그들이 선거과정에서 이수 하는 의무적 프로그램에 지나지 않는다. 실제적이고 지속적인 시민접근성을 실천하는 것은 지역의 정치인들뿐이다. 왜냐하 면 그들은 자신의 시민들과 가까이 하는 일을 피해갈 수 없기 때문이다.

정치에서 시민들과 정치인들 사이의 불확실성은 물론이거 니와 도덕적 불확실성도 정치시스템의 규모가 커짐에 따라 그 에 비례한다. 우리 인간은, 다시 한 번 강조하지만, 소규모 집단을 이루고 사는 존재이다**제1장, 제2장 참조**. 우리의 본성은 속일 수 없다. 대규모의 폭력적인, 정치적·경제적·세력권의 설계자들은—그들 자신의 권력 욕망을 채워가는 가운데—이 점을 전혀 고려의 대상에 넣고 있지 않다.

건재함 가운데 연대하기

사자의 무리는 모두의 배가 채워지면, 전부 덤불이나 나무 아래에서 휴식을 취한다. 사자들은 잠을 잘 잔다(그들을 깨워서는 안 된다는 것은 잘 알 것이다). 그러한 상황에서 사자들은 조화, 안식 그리고 건재함이라는 하나의 그림을 보여 준다. 우리 인간도 사자의 경우와 거의 흡사하다.

그러나 우리 인간이 슈퍼마켓이나 음식점에서 먹을거리를 공급받을 수 있는 반면, 사자들이 배불리 먹기 위해서는 사냥을 해야 하고, 이를 위해서는 시간과 에너지를 들여야 할 때가 많다. 물론 인간과 마찬가지로 사자의 적들은 원래부터가 적들이 아니다. 사자들을 우리 인간이 방해하지 않고 그대로 둔다면, 그들의 세계는 전체적으로 질서가 유지될 것이다. 따라서 **우리** 인간들의 세상은 우리 스스로가 서로의 건재를 방해하기 때문에 질서가 잡히지 않게 되는 것이다.

동종의 인간들이 극단적인 경쟁 상태에 있다는 점은 이미 제1장에서 강조하였고, 다윈 이래 통념이 되었다. 오늘날 우리가 처해 있는 익명의 대중사회는 이러한 경쟁에 대해 전적으로 새로운 토대를 제공해 주고 있다. **호모 사피엔스** 종은 생물학적으로 볼 때 하나의 단일체를 이루고 있지만, 사회문화적인 진화로 인해 헤아릴 수 없이 많은 하부 단위들로 분화되어 있으며, 이러한 하부 단위들의 구성원들은 그 하부 단위들을 특수한 가치공동체로 느낀다. 우리는 동물 세계, 특히 침팬지들을 통해 집단에 이질적인 개체를 더 이상 동종의 구성원으로 간주하지 않고, 경우에 따라 매우 잔혹한 충돌을 일으키는 현상을 익히 알고 있다.

콘라드 로렌츠는 인간에게 있는 유사 특수성Pseudospeziation에 관해 반복적으로 언급하였고, 그로써 상이한 인간들의 문화가 거의 새로운 종류처럼 발전하고 있는 현상을 특징적으로 설명하고 있다. 물론 로렌츠에 따르면, 이러한 문화의 분화 현상은 "진정한"(생물학적) 종이 형성되는 경우에 비해 본질적으로 더 빠르게 진행된다고 한다. 어쨌든 문화의 분화 결과, 서로 다른 문화권의 사람들은 서로 이국인과 다를 바 없이 받아들여지게 된다. 진화생물학적, 행동생물학적, 인류학적 그리고 인종학적인 관점에서 수행된 수많은 실증적 연구를 토대로 하여, 모든 인간들(및 그들의 문화들)을 **결속하고 있는 것**

*Verbindende*이 있다는 지적이 있었지만, 그럼에도 불구하고 "실제"에 있어서는 평화로운 공존은 실패하였다고 한다. 그 이유는 한편으로는 처음부터 서로 갈등관계에 있는 서로 다른 도덕체계 때문이기도 하고, 또 다른 한편으로는 많은 도덕체계의 대표자들이 **모든** 인간들을 ―폭력으로든 그렇지 않든― 강요하고 있는 데에 기인하기도 한다.

그 각각의 구체적인 규범들, 명령들, 금지들을 가지고 있는, 도덕체계의 얇은 에나멜 층 아래에는 그보다 훨씬 두꺼운, 감정적인 인간의 근본욕구들의 층위가 존재한다. 인간의 이러한 근본욕구들은 모든 인간의 관심사가 자기 자신의 무사함이나 건재라는 점에서 단순하고 간단하게 표명되고 있다. 이러한 기본적인 사실을 받아들이는 자는 많은 도덕적인 요구들과 필연적으로 작별을 고하게 되는데, 이러한 결별은 그가 자기 건재의 가치를 알아차리기 훨씬 전에 일어난다.

이러한 점에서 보면 우리는 역시나 도덕적 개인주의자들이다. 도덕적 개인주의는 이기주의자이지만 다른 이기주의자들도 인정하며, 공동체 안에서 그들과 함께 안녕함을 느낀다. 우리의 계통발생사적인 선조로부터 우리는 공격적인 행동 성향만을 유산으로 받은 것이 아니라, 협력하고 상호부조하며 사회생활과 상호 의사소통 및 공동의 체험에 대한 기쁨을 누릴 마음가짐도 이어받았다. 우리가 보다 평화롭고 마음 편한 세

상에서 다시 살려고 한다면 바로 이러한 마음가짐을 강화해야
한다.

하지만 우리가 사는 지구 전체를 점차로 뒤덮어 가는, 서구
산업사회의 사회·경제적 조건들은 그렇지가 않다. 오로지 이
익과 자본이 반응하고 있는 세상에서 우리로 하여금 가치들에
대해 성찰하도록 촉구하는 많은 정치인들의 요구들도 사실 전
적으로 믿을 수 없는 속수무책의 것으로 전락하고 있다. 텔레비
전에서 중간중간 삽입되고 있는 많은 광고들은 성인 남녀들에
게 거의 폭력적인 방법으로 병적인 이기주의를 요구하고 있다.

"뭐라고요, 함께하자고요? 아니올시다. 하하하…" 또는 "부
자 되세요." 도덕적 개인주의자들과 반대로 **병적인 이기주의자
들**은 사회 안에서 중장기적으로 가망성이 없다. 물론 그러한
부류들이 만연하는 한, 사회 역시 중장기적으로 희망이 없다.

알베르 까뮈Albert Camus(1913~1960)는 고전적인 소설 『이방
인』에서 알제리에 있는 젊은 프랑스인에 대해 이야기하고 있
다. 그는 어떠한 구속도 없이 안정되게 살아가며, 겉보기에 자
유로운 실존적 삶을 영위하다가 우연히 일어난 어떤 불쾌한
일 때문에 살인자가 되었다. 사형을 선고 받으면서 그는 마
침내 삶이란 **함께 살아가기임**을 알게 된다. 이러한 인식이 그에
게 너무 늦게 찾아왔기 때문에 그는 결국 처형당하는 날 자신에
대해 증오로 가득 찬 많은 군중들에 의해 둘러싸일 것을 원한다.

카뮈의 시지포스
도덕적 개인주의자의 운명도 이와 같은가?
(티치아노 作, 캔버스에 유채, 1548~1549, 프라도미술관 소장)

우리는 더 쉽게 이러한 인식에 이를 수 있다. 우리는 진화과정에서 사회적인 성향을 가지게 되었고, 이러한 성향은 우리 모두에게서 무사함이나 건재의 감정을 불러일으킬 수 있다. 하지만 우리가 사회적으로 지나친 부담만을 떠안을 수는 없다. 따라서 지금이야말로 개인은 자칭 성직자들과 지도자들을 가진 모호한 집단에 저항하여 자신의 생존권을 성찰하고, 스스로 자신들의 무사함과 건재를 신장하는 일 외에는 그 이상의 아무것도 원하지 않는 자들(도덕적 개인주의자들)과 연대해야 한다. 이제 그렇게 해야 할 최적의 때가 무르익고 있다.

하지만 이 모든 경우 간과해서는 안 될 사실이 있다. 그것은 오늘날 인류의 3분의 1은 살아가거나 생존하는 데 필요한 자원을 충분히 가지고 있지 못하다는 사실이다. 건강을 위해 절식하는 자들에게 도덕적 개인주의자를 위한 나의 변론은 거의 아무짝에도 쓸모없을 것이다. 그들은 자족하는 인간들일 것이고, 건재 속에서 연대할 것이다. 하지만 만약 우리가 배가 터질 만큼 충분히 먹어야 하는 것이 아니라면, 먼저 다른 사람들을 한 번은 배려할 것이다. 오래전부터 인류를 위협하는 문제들 중의 하나가 극심한 인구증가였다. 이러한 사정을 감안할 때, 피임제의 사용을 금지하는 일에서 도덕은 특별히 그 철면피적이면서도 추한 얼굴을 보여준다. 생물학적 번식 명령이 종교적으로나 도덕적으로 동기부여된 "다복"으로의 기능적 변화가 이루어지고 있다는 점에서 재앙이 프로그램화되어 있는 것이다. 인간이 처음부터 만족스러운 삶(행복한 삶까지는 아니더라도)에 대한 가망이 없는 세상에 투기될 경우 이러한 축복은 저주가 된다.

전지구적으로 불평등한 자원의 분배가 그러한 재앙을 보다 결정적으로 만들고 있다는 점에 대해서는 굳이 더 언급할 필요가 없겠다. 이러한 문제는 이미 자주 언급되어 왔고, 오래전부터 공공연한 사실이 되었기 때문이다. 이 지구는 충분한 자원을 가지고 있기 때문에 여기서는 누구라도 굶주려서는 안 될 것이다. 무자비하게 무서운 속도로 진행되고 있는 자원에 대한 약탈이 지속적인 인구증가와 동시에 전개되면 필연적으로 빈부 사이의 격차는 점점 더 벌어지게 된다.

가능한 한 많은 사람들이 만족하고 건재하기 위해서는, 사회가 그 도덕체계와 경제체계를 개인의 요구에 맞추는 경우에서만 그리고 거기에 맞추는 사회에서만 가능한 것이지, 그 반대, 즉 개인의 요구를 사회의 도덕체계와 경제체제에 맞추어서는 안 될 것이다.

에필로그

도덕의 독재에 대한 저항

자유로운 사회는 성숙한 인간들의 집합체이지, 아는 체하는 자들의

모임인 소규모 집단에 의해 이끌려 가는 양들의 군집이 아니다.

성숙함은 거리 위에 널려 있는 것이 아니라, 우리가 배워야 하는 것이다.

파울 파이어아벤트

가치와 규범은 자연법칙이 아니라 인간에 의해 인위적으로 만들어진 것들이다. 가치와 규범은 변화될 수 있고, 바뀌거나 포기될 수 있으며, 다른 것들에 의해 대체될 수도 있다. 가치관념들과 규범들이 없는 인간사회는 존재하지 않기 때문에 여기에서 가치와 규범은 우리 인간의 본성에 뿌리내리고 있는, 인류학적으로 보편적인 것들이라고 할 수 있다.

제1장에서 살펴보았듯이 일정한 행위규범들은 매우 좁게 상호관계를 맺고 있는 개인이나 집단이 생존하는 과정에서 거의 저절로 조직화되는 것들이다. 지난 몇 천 년 동안 가치들과 규범들은 우리 진화과정에서 비교적 늦게―예컨대 유대-기독

교적인 전통 속에서—보다 상위의 신적인 기원을 가진 것으로 헤아려진, 미리 주어진 것들로 공식화됨으로써 어느 정도 독자적인 것이 되었다. 십계명의 목록은 인간이 해서는 안 될 일이 무엇인지 정했고, 동시에 인간이 해야 할 당위가 무엇인지 함축했다. 이러한 종류의 명령이 적어도 어느 정도까지 자연사적인 뿌리를 가지고 있으며, 기본적인 생존원칙들을 잘 따르고 있는지에 대해서는 여기서 논의하지는 않는다.

이와는 달리 다시 한 번 분명하게 확인해야 할 사항이 있다. 그것은 도덕 그 자체는 존재하는 것도 아니고, 우리에게 "위로부터" 결정되는 것도 아니며, 언제나 숙명적으로 갈등이 결부되어 있는 인간 공동생활의 결과라는 점이다. 추상적이며 형이상학적인 사고를 할 수 있는 능력을 가진 덕택에, 인간은 도덕규정들을 자기 자신의 실존과는 분리된 가상의 영역 속으로 투사하여, 그것을 근거지우는 일을 해냈다. 하지만 모든 사람들은 (도덕적으로) 무엇이 옳고 그른지에 대한 판단을 감히 내릴 수 없기 때문에, 그리고 문명화된 인간은 분업적 사회에서 살고 있기 때문에, 도덕의 수호자 역할을 하는 계층이 형성되었다. 이 계층은 집게손가락을 높이 쳐들어—철두철미하고 엄격하게 집행되었고 또한 집행될—형벌로 위협하면서, 개인들을 "옳은 길"로 데려가려는 시도를 하고 있다. 우리는 이러한 도덕의 수호자들을 점차적으로 버려야 한다. 특히나 그들이 선한 삶에 방해만 될 뿐이고, 그로써 "비도덕적" 행위를 촉진하는 자라면 더욱 그렇다.

이 책에서 주장된 확신에서 나오는 결론은 "순수 도덕"은 존재하지 않는다는 것이다. 행위하는 인간이 있을 뿐이고, 그 인간의 행위를 이끌어가는 기준이 되는 것은 그들의 소망, 선호, 혐오 등이다. 따라서 인간의 본성에 뿌리를 내리고 있는 행위 성향을 잘 알고서 그것을 진지하게 여기는 자는 여러 가지 도덕적 요구들을 쓸모없는 것으로 거부하여야 한다. 특히 다음과 같은 것들이 버려야 할 것들에 해당한다.

× 단순히 의무 그 자체를 위해 행위하도록 규정하고 있는 의무적 도덕

× 개인의 고유한 욕구를 고려함 없이 개인에게 명령을 산 더미처럼 쏟아 붓는 도덕적 당위 또는 도덕적 명령

× 개인의 생활 속에서 개인을 제한하면서 그의 고유한 욕구를 고려하지 않는 도덕적 금지

무엇보다도 절대적이고 영원한 가치에 대한 믿음과도 작별을 고해야 한다. 바로 이러한 믿음은 인류에게 많은 고통을 야기하였다. 왜냐하면 그러한 믿음은 도덕의 독재에 추진력을 제공해 주었고, 인간의 사고를 왜곡시켰기 때문이다. 절대적으로

영원히 존재할 것이기 때문에 유일하게 옳은 가치표상들과 규범들을 가지고 있다고 생각하는 자는 다른 사람들을 도덕적으로 판단하려는 경향을 띠게 되고, 다른 사람들에게—그가 권력을 가지고 있다면—극단적인 경우 전쟁을 선포하게 된다. 반대로 도덕원칙들은 보편적이지 않고 객관적으로 주어져 있지도 않으며 객관적으로 근거지울 수도 없는 것임을 통찰하는 자는 도덕적으로 마음이 상하여 화가 날 때에도 무기를 집어들지 않고 코냑을 들거나 와인 병을 딸 것이다.

우리는 삶속에서 어떤 행위를 할 때, 많은 경우 도덕적인 성찰을 결코 할 필요가 없다. 도덕주의자나 도덕적 절대주의자만 삶속에서 도덕원칙들이 절대적인 우위성을 가지는 것이라는 견해를 신봉한다. 그와 같은 도덕의 독재는 우리의 삶에 대한 독재이고 근본적인 삶의 욕구에 대한 억압이다. 이러한 독재는 도덕과 관계가 거의 없는 많은 자들에게도 전적으로 유용하다. 예컨대 기업의 이윤을 증대하고 개인적으로도 높은 이익을 챙길 수 있도록 하기 위해 피고용자들에게 임금을 적게 주면서 전적으로 매진할 것을 기대하는 기업 경영자들이 거기에 해당한다.

끄레데레, 오베디레, 꼼바따레_Credere, obedire, combatare._ "믿고, 복종하면서, 싸워라."는 구호는 모든 성숙된 시민들이 따르기를 단호하게 거부해야 할 낡은 구호이다. 뿐만 아니라 개인은 일차적으로 시민이 아니다. 욕구를 가진 개인이고, 그들이 가지는 욕구는 한편으로는 모든 그의 종이 계통발생사 속에서 획득하였고, 다른 한편으로는 자기 자신의 개인적 삶의 이력 속에서―각자의 고유한 삶의 경력과 함께―발전된 것이다. 자기부정, 자기희생, 순수한 의무이행, 겸양, 금욕 등은 사회생물학적으로 우리가 근본적으로 갖추고 있는 형질이 아니다. 우리에게 끊임없이 그러한 것들을 요구하는 자들에게 거부의 표시를 하고, 그들로 하여금 그들이 걱정하여야 할 자는 우리가 아니라 바로 그들 자신임으로 알게 하자. "국가시민의 의무" "근로도덕" "가치의식" 등등과 같은 문구에 영향을 받지도 말고 겁먹지도 말자. 우리 모두는 지금 여기의 오직 단 한 번의 삶이 주어져 있을 뿐이다. 우리가 우리에게 아무 소용이 없고 다른 사람들의 삶까지도 망치려는 자들에게 도움이 되는 모종의 "더 높은 가치들"을 위해 우리의 삶을 헛되이 낭비하게 된다면, 이는 매우 유감스러운 일이 아닐 수 없다.

경계를 늦추지 말고 깨어 있어야 한다. 단순히 종교지도자나 정치지도자들에 대해서만 그러할 것이 아니다. 그들의 수많은 들러리들과 자칭 도덕주의자인 소시민들에 대해서도 경계하고 각성해야 한다. 그들은 그들 자신의 비열함을 의식하지 못하고―그들의 지도자들과 마찬가지로―이중도덕이라는 위험한 게임을 하면서 도덕의 독재를 가능케 하는 자들이다.

마지막으로 절대로 잊어서는 안 될 한 가지는 모든 정치적 독재, 모든 테러정부는 도덕원칙들에 근거를 두고 있고, 모든 독재자와 테러리스트는 (비록 그것을 드러내놓고 말하지는 않지만) 어떤 가치들의 이름으로 행위하고 있다는 점이다. 만약 우리가 가치들을 끝까지 캐물어 간다면, 우리 각자가 적어도 절반 정도라도 만족스러운 삶을 영위하기 위해서는, 상대적으로 몇 개의 가치들만 필요로 한다는 것을 알아차리게 될 것이다. 물론 우리 각자가 그러한 가치들을 자기 자신의 삶속에서나 자신의 풍부한 사회적 관계의 토대나 개인적 또는 사회적 기쁨 속에서 길러낸다면, 위로부터 우리에게 명해지는 또 다른 가치들은 필요하지 않게 될 것이다.

옮긴이의 글

도덕 앞에서 떳떳한 사람은 드물다. 법적인 차원에서 한 점 부끄러움이 없노라고 말하는 자라도 도덕적 잣대 앞에서는 고개를 숙이기 마련이다. 오랫동안 우리는 도덕 앞에서 주눅 든 존재로 살아 왔다. 대부분의 사회적 금기의 배후를 추적해 들어가면 어김없이 도덕과 마주친다. 도덕은 법적인 금지와 허용의 근거뿐만 아니라 우리의 삶을 실제적으로 규율하는 법률해석의 기준으로도 굳건히 자리를 잡고 있다. 요컨대 도덕은 사회의 공존질서를 유지시키는 근본규범이자, 사회 속에서 개인적 양심의 법정 최종 심급으로 작용하고 있는 것이다. 하지만 이러한 도덕은 어디에서 비롯하였는가? 만들어진 것인가, 생겨

229

난 것인가? 만들어졌다면 누가 만들었고, 생겨났다면 어떤 이유에서 생겨났는가?

이 책은 진화이론을 기초로 삼아 도덕의 기원을 추적하는 과정에서 도덕에 관한 불편한 진실을 우리에게 전달한다. 저자에 의하면 인간은 본성상 이기적인 존재이고, 계통발생사적으로 소규모 집단을 이루면서 살아온 존재이므로—이는 오늘날 대중사회에서도 변함이 없기 때문에—이 소규모 집단 내에서는 자신에게 이익이 되는 한도 내에서만 자기희생을 할 수 있을 뿐, 그 이상의 도덕적 요구를 기대하기는 어려운 존재라는 것이다.

다시 말해 인간은 본성상 이기적이며, 많은 경우 도덕을 실천할 수 있는 능력이 없으므로, 오늘날 사회나 국가가 강제하듯이 많은 도덕적 요구를 감당할 능력이 없다는 것이다. 원서의 표제인 "인간은 얼마나 많은 도덕을 감당할 수 있는가"는 이러한 맥락에서 붙여진 것이다.

그럼에도 불구하고 우리는 여전히 도덕 앞에서 나약하거니와 지킬 수 없는 도덕률을 실천하려고 애쓰고, 도덕을 인간과 사회가 뛰어넘어서는 안 되는 울타리라 여기며 산다. 저자는 도덕이 발휘하고 있는 이와 같은 현실적 기능 역시 진화론적 관점에서 볼 때 인간의 본성적 성향이 만들어 내고 있는 것이라고 주장한다.

그에 따르면, 인간은 최고의 자리에서 타인을 지배하려는 욕구를 지니고 있는 존재인 동시에, 더 높은 권위에 복종하려는 성향을 가진 존재다. 권좌에 오른 자들은 자신의 지위를 유지하기 위해 더 높은 권위에 복종하는 성향을 가진 자들을 굴복시켜야 한다. 이때 지배욕을 가진 자들이 굴종하려는 자들을 이용하는 수단이 강제력이거나 무력이 동반된 폭력이라면, 굴종은 한계에 부딪치고 저항이 유발되어, 지배복종의 관계는 끝내 깨어지기 마련이다. 하지만 복종시키려는 자들이 굴종하려는 자들을 이용하는 수단이 '도덕'일 경우라면, 지배복종의 관계는 그리 쉽게 깨어지지 않는다. 이 책은 바로 이 같은 통찰로써, 도덕이 인류 역사에서 복종과 굴종의 메커니즘을 견고하게 유지시키는 수단으로 작동되었음을 고발한다.

  이 책이 주장하는 바도 그렇거니와, 세상을 곰곰이 되돌아보면, 복종을 요구하는 자들에 의해 내세워지는 도덕이야말로 주로 자기희생을 요구하는 도덕률이었다. 예컨대 '네 이웃을 사랑하라'는 기독교의 황금률에서부터 시작해서, '국가와 민족을 위해 목숨을 버리라'처럼 맹목적 애국주의를 장려하는 도덕률들은 실제로는 지배복종의 관계를 유지하려는 자들이 그네들의 이익과 욕망을 도덕의 이름으로 포장한 것일 뿐이었다.

  다시 말해, 본성상 이기적인 인간의 내면적 욕구를 억압하는 동시에 더 높은 권위에 복종하려는 성향을 북돋워 대의나 전체를 위해 개인(의 이익)의 희생을 요구해왔던 수많은 도덕률의 배후에는, 복종을 요구하는 자들이 내세운 도덕적 근본주의의 권력욕과 이기심이 도사라고 있다는 것이다. 이러한 맥락을 좋아 이 책의 제목을 다시 붙인다면, '이중도덕' '도덕적 위선자에게 속지 않는 법 배우기' 또는 '도덕주의자 경계하기'가 더 제격이리라.

*

내가 이 책을 번역하기로 마음먹은 것은, 전통적 가치와 현대적 가치가 공존하고 있는 이 시대에, 이 책이 우리에게 어떠한 삶의 실천적 태도를 가리키는 나침반 역할을 할지도 모르겠다는 생각 때문이었다. 때문에 적어도 내게는 이 책이 당대의 이념서理念書(사회과학서적)로서의 차원을 확보한 것으로도 보였다.

과거 몇 십 년 동안 한국사회에서 이념서란 사회나 국가가 개인에게 어떤 일을 금지하거나 장려할 경우 내세워지는 '가치나 이데올로기'의 배후나 실체를 벗기는 것이 주된 내용이었다. 이러한 차원의 이념서를 통해 우리는 외부에서 주입된 불순한 동기를 가진 이데올로기나 가치의 진면목을 파악할 수 있었다. 국가주의, 전체주의라는 이데올로기의 실체를 벗겨내고, 자유와 평등이라는 가치를 재발견해 낸 이념서들이 한국 사회에 던져 준 빛은 오늘날 우리가 이만큼이나 누리고 있는 자유와 행복의 원천이었다. 마찬가지로 도덕의 허상을 벗겨낸 이 책도 새로운 차원에서 우리에게 자유와 행복의 원동력을 제공할 수 있을 것이다.

오늘날 우리는 지난 수십 년간의 학습효과에 의해 포장된 권력욕이나 정치적 의도는 쉽게 알아차릴 수 있게 되었다. 하지만 도덕의 이름으로 포장된 위선이나 억압에는 아직도 쉽게 속아 넘어가곤 한다. 때문에 여전히 내면의 육성을 억압하면서 마땅히 향유해야 할 자유와 행복의 문 안으로 들어가지 못하고 서성이곤 한다. 그러나 도덕의 견고한 껍데기와 그 안에 내포된 이중적 메커니즘의 불편한 진실들을 알게 된다면, 더 이상 도덕지상주의자들의 말에 주눅 들지 않으며, 그 위선적인 도덕에 속지 않는 내공을 쌓게 될 것이다.

이 책에서 저자는 도덕적 요구에 대해 본성상 한계를 가진 인간이 도덕주의자들에게 속지 않고 행복한 삶을 살아가기 위한 처방으로서 '도덕적 개인주의'를 강조한다. 물론 나는 저자의 이러한 생각에 전적으로 동의하지는 않는다. 하지만 법학을 공부하는 나에게 이 책이 던져준 여러 가지 문제의식과 저자의 사고방식은 다른 차원에서 의미 있게 다가왔다. 여기서 저자가 견지했던 사고방식은 사회가 더 건전하고 건강해지기 위해 '합리적 입법태도에서 과학에 근거를 둔' 인간본성론으로서, 개인적으로 이러한 인간본성론에 기초하여 입법과 해석의 기초를 세우려는 나의 법학 방법론적 구상을 진일보시킬 수 있는 기회를 제공했기 때문이다.

우리가 도덕에 대해 합리적 의심의 자세를 잃지 않고, 도덕주의자들에게 굴복하거나 쉽게 속지 않았더라면, 적어도 도덕의 이름으로 인간성을 억압하고 생명을 말살한 수많은 사례를 예방할 수 있었을 것이다. 마찬가지로 우리가 인간본성과 인간의 한계에 대해 조금만 더 과학적인 지식을 가지고 법을 만들고 법을 적용한다면, 법은 우리 위에 군림하여 우리를 억압하는 도구가 아니라 우리를 위해 우리의 눈높이에서 나약하고 모자란 우리를 돕는, 보다 인간적인 법이 될 수 있을 것이라 믿는다.

저자가 쓴 또 다른 책 『왜 우리는 악에 끌리는가』와 『자유의지, 그 환상의 진화』를 읽으며, 형이상학에 터 잡은 윤리학에서 탈피하여 생물학적 지식과 인간의 본성에 토대를 둔 윤리학을 설계하려는 그의 사고방식과 접근태도에 공감을 가지고 있던 터에, 때마침 이 책을 소개해 준 성균관대학교 출판부 현상철 선생에게 감사한다. 초역을 꼼꼼하게 읽어 주면서 여러 곳에서 오역의 가능성을 제거해 준 성균관대학교 법학전문대학원의 정재하에게도 감사한다.

주요 용어 풀이

가치 도덕적 행동을 이끄는 확신의 총체를 말한다. 가치는 구체적인 대상과 관련되어 있을 수도 있지만, 사회의 공동생활에 대한 추상적 관념으로 나타날 수도 있다.

공감 어떤 개체가 다른 개체에 대해 갖는 호의를 말한다. 인간의 본래적 사회는 그 수가 한눈에 파악되는 (대략 20명에서 50명으로 이루어진) 소규모의 공감집단이었다. 공감은 임의로 확대될 수 있는 것이 아니다.

국가 익명의 대중사회를 법규를 통해 유지하거나 규율하는 추상적 형상을 말한다. 모든 국가는 지배계층이 존재하고, 지배요구를 가진 상대적으로 소수인 개인이 대표하며, 이러한 요구를 집행하는 공무원의 지원을 받는다.

규범 다수의 개인들의 공동생활을 규율하는 규칙들(또는 사회적인 인습이나 관례들)을 말한다. 대부분 여러 세대에 걸쳐 전통을 이루어 입법에 반영된다.

금지 일반적으로 규제 또는 저지를 의미한다. 널리 용인되고 있는 행동양식에 대한 금지는 국가의 압제 혹은 보복과 동일시 될 수 있다. 이는 이데올로기적으로 교육을 통해 인간을 바꾸어야 한다는 위험한 확신에 기초하고 있다. 1919년에서 1933년에 미국에서 있었던 금주령이 금지에 관한 가장 고전적인 예이다.

단체(결사) 이 책에서는 공동의 목표를 가진 다수의 개체의 결합을 의미하는 "집단"과 동일한 의미로 사용한다. 익명의 대중사회는 이러한 의미에서 집단이 아니다.

도덕 어떤 사회의 안정화에 기여하는 가치 관념과 규범들의 총체를 말한다. 도덕은 모든 인간사회에 고유하지만 그 내용이나 요구조건들은 사회마다 부분적으로 매우 차이가 난다. 따라서 절대적인 도덕이란 존재하지 않는다.

도덕적 개인주의 개인과 그 개인의 행복을 우위에 두는 도덕적 태도를 말한다. 도덕적 개인주의자는 자기 자신의 생활양식을 소중히 여기지만 다른 사람의 생활양식도 인정한다. 도덕적 개인주의자는 자신의 삶에 대한 자기결정권을 표방하면서 명령과 금지에 대해 회의적이다. 도덕적 개인주의는 도덕주의와 반대되는 개념이고 이 책의 중심개념이다.

도덕주의 인간의 행위를 실제로 오직 도덕적 관점에서만 평가하고 도덕적 규칙에 (예외 없이) 엄격하게 복종할 것을 요구하는 도덕적 태도를 말한다. 이는 위험한 태도로서, 저자는 이 책에서 우리가 무엇 때문에 더 많은 도덕을 필요로 하지 않고 더 적게 필요로 하는지 그 이유를 설명해 준다.

동감 인간이나 몇몇 동물(특히 원숭이)에게서 나타나는 감정적 능력으로서 타자의 고통에 공감하여 그것을 자기 자신의 몸에서 동시에 체험하는 능력을 말한다.

동물윤리학 윤리학의 새로운 분과로서 인간의 도덕적 행동을 인간이 아닌 생명체에도 확대시켜 동물에 대한 도덕적인 지위를 인정한다.

사회다윈주의(사회진화론) 다윈의 이론을 이데올로기적으로 잘못 해석하여 정치적인 결과를 가져온 이념을 사조를 말한다. 사회다윈주의에서는 자연의 사건에 규범적인 의미를 부여하여 '자연에서 전개되는 일은 도덕적인 의미에서도 선이다.'라는 모토에 따라 이를 인간사회에 적용한다. 생존을 위한 경쟁이라는 다윈의 공식을 "강자의 법"으로 잘못 해석하였다.

사회생물학 인간을 포함한 생명체의 사회적 행동을 유전학 및 진화생물학적 기초 위에서 과학적으로 연구하는 학문 분야를 말한다. 상호적 이타주의에 특별한 의미를 부여한다.

생물주의 생물학적 언명이나 이론 또는 모델을 생물학 분야의 특수성을 고려하지 않고 생물학 이외의 분야에 적용하는 것을 말한다. 사회진화론이 그 예이다(→ 사회진화론)

생존 진화생물학 또는 사회생물학적 관점에서는 유전자의 생존이나 번식의 성공을 의미한다. 일반적으로는 어떤 생명체가 부정적인 외부 환경에도 불구하고 상대적으로 오랫동안 생명을 유지하는 경우를 일컫기도 한다.

선택 자연선택 참조

신석기혁명 약 1만5천 년 전 근동아시아 지역에서 이루어진 신석기시대의 혁명으로 사냥과 채집생활이 농경과 목축을 하는 정주생활로 전환된 것을 일컫는다. 이를 통해 분업의 원칙과 경영시스템의 안정화 등을 동반한 급격한 사회변화가 일어났다. 신석기혁명 이래 세계 인구도 폭발적으로 증가하였다.

십계명 구약성서에 요약되어 있는 유대-기독교의 도덕적 전통을 이루고 있는 금지 또는 명령이다.

연고주의 자신의 친인척이나 소수의 지인(친구)을 우대하는 태도를 말하며, 족벌·척벌이라고도 부른다. 연고주의는 우리 본성에 깊이 뿌리박혀 있고 사회발전의 기초를 형성하고 있다.

우리 - 의식 집단동일성 참조

윤리학 철학의 한 분과, 정확하게 말해 도덕적·비도덕적 행위를 다루어 "선"과 "악"이 무엇인가와 같은 근본적인 물음을 해명하려는 실천철학의 한 분과를 말한다. 윤리학은 인간의 본성에 관한 심오한 지식에 기초하여 인간 행위의 기본조건들을 비판적으로 성찰하여야 한다.

의무 사회 내에서 개인에게 구속력이 있는 일반적인 임무로서, 보다 추상적으로 말하면 개인으로 하여금 복종을 독촉하는 도덕체계 아래 복속시키는 것을 말한다. 의무는 경우에 따라 그것을 충족하는 것이 인간의 삶을 강요할 수도 있는 경우에는 매우 큰 문제가 발생할 수 있다. 의무에 근거한 도덕은 이 책이 주장하는 도덕적 행동에 관한 태도와 대립된다.

이기주의 어떤 생명체가 다른 생명체(들)를 희생시켜 자기 자신에게 이익이 되도록 행위하는 경우를 일컫는다(자기에게 유익이 되는 행동).

이중도덕 다른 도덕적 원칙을 동시에 위반하면서 일정한 도덕적 원칙을 방어하는 경우를 말한다.

이타주의 일반적으로 어떤 생명체의 행위가 자신의 이익을 포기하고 다른 생명체(들)를 위한 경우를 일컫는다(자기에게 유익이 되지 않는 행동). 순수한 이타주의는 매우 드물지만 상호적 이타주의는 (상호주의 원칙으로) 단체 내에서 큰 의미를 가진다(→ 단체).

인권 출신이나 사회적·인종적 또는 종교적으로 어디에 소속되어 있는지와 상관없이 모든 인간에게 부여된 기본권을 말한다.

자연선택 다윈 이래 진화론에서 인정되고 있는 진화의 주된 추동력이다. 자연선택은 우연하게 생긴 변종의 토대로 작용하며 유용한 개체는 촉진하고 무용한 개체는 제거시킨다. "유용성"은 번식의 성공에 기여한다.

정언명령 자기 자신의 행동의 준칙을 항상 보편타당한 입법의 원칙에 타당할 수 있도록 행동하라는 칸트의 명제를 말한다.

진화 일반적으로는 발전을 의미하는 말이지만, 생물학에서는 일정한 기간을 거친 종의 변화를 의미한다. 진화의 가장 중요한 추동력은 자연선택이다. 진화라는 개념은 생물학 이외의 분야에서도 널리 사용된다. 일정한 자가 동력을 발전시키면서도 생물학적 진화와 불가분의 관계를 가지고 있는 문화적 진화라는 용어가 그 예이다. 모든 문화를 "이끌어 가는 주체"는 생물학적 기관인 뇌이고, 이 뇌는 자연선택을 통한 진화에서 기원한 것이다.

진화론 진화에 관한 이론으로, 특히 예컨대 생물학이나 문화적 영역에서 진화적 변화의 메커니즘에 관해 설명하는 이론이다.

집단동일성 개인이 자신이 살고 있는 집단의 원칙들과 동일시하는 것을 말한다. 집단동일성은 "어딘가"에 소속되고 싶어 하는 우리의 본성에 깊이 뿌리내리고 있고, 본질적으로 "우리-의식"과 동일한 의미이다. 일정한 (정치적·종교적) 조건 하에서는 집단동일성이 파괴적으로 작용할 수 있기 때문에 끔찍한 결과를 가져오는 집단 간 갈등(거리투쟁을 위시하여 전쟁까지)으로 귀결될 수 있다.

청교도주의 금욕적 생활을 요구하는 태도로서 기독교 윤리에서는 물론 일반적으로도 사용되고 있는 용어이다. 청교도주의는 쾌락주의와 도덕적 개인주의도 반대되는 의미로 사용되고 있다.

쾌락주의 고대에 등장한 학파로서 쾌락을 (도덕적) 행위의 목표로 삼는 도덕적 입장을 말한다. 쾌락주의는 도덕주의와 반대되고 도덕적 개인주의와 일치한다. 쾌락주의는 기쁨과 향유를 행위의 동기로 삼는다. 그러나 이를 무절제함과 혼동해서는 안 된다.

형이상학 세상의 기초나 관계에 관한 이론으로 경험을 초월한 지식을 토대로 하고 있다. 세상을 떠받치고 있는 "힘"에 관한 이론을 의미하기도 한다.

참고문헌

아래의 문헌목록은 이 책에서 인용한 문헌을 모두 정리하였을 뿐만 아니라, 그 외에도 이 책을 적는 데 참고하였거나 더 읽을거리로 추천할만한 문헌들을 모두 모아 둔 것이다. 윤리와 도덕에 관한 문헌들은 거의 헤아릴 수 없을 정도로 많다. 모든 관련 문헌들을 여기에 적는다면, 이 책의 내용보다 그 분량이 더 많아질 것이다. 하지만 그렇게 되는 것은 문헌목록을 만드는 일에 부합할 수 없기에 중요한 문헌들만 아래와 같이 간추려 보았다.

Albert, H. (1980): Traktat über kritische Vernunft. Mohr (Tübingen).

Alexander, R. D. (1987): The Biology of Moral Systems. Aldine de Gruyter, New York.

Antweiler, Ch. (2009): Heimat Mensch. Was uns alle verbindet. Murmann, Hamburg.

Axelrod, R. (191): Die Evolution der Kooperation. Oldenbourg, München.

Ayala, F. J. (1987): The Biological Roots of Morality. *Biology & Philosophy* 2, 235-252.

Baruzzi, A. (1996): Philosophie der Lüge. Wissenschaftliche Buchgesellschaft, Darmstadt.

Bayertz, K. (2004): Warum überhaupt moralisch sein? Beck, München.

Becker, W. (1989): Der fernethische Illusionismus und die Realität. *Loccumer Protokolle* 75/1988, 194-201.

Brehm, A. E. (1983): Reisen im Sudan 1847 bis 1852. Edition Erdmann, Stuttgart.

Büchner, L. (1872): Der Mensch und seine Stellung in der Natur in der Vergangenheit, Gegenwart und Zukunft. Thomas, Leipzig.

Buskes, Ch. (2008): Evolutionär denken. Darwins Einfluss auf unser Weltbild. Primus Verlag, Darmstadt.

Campbell, D. T. (1975): On the Conflicts Between Biological and Social Evolution and Between Psychology and Moral Tradition. *American Psychologist* 30, 1103-1126.

Camus, A. (1953 [1984]): Der Fremde. Rowohlt, Reinbek.

Cela-Conde, C. J. (1987): On Genes, Gods and Tyrants. The Biological Causation of Morality. Reidel, Dordrecht-Boston-Lancaster.

Darwin, Ch. (1859 [1967]): Die Entstehung der Arten. Reclam,

Stuttgart.

Darwin, Ch. (1871 [1966]): Die Abstammung des Menschen. Kröner, Stuttgart.

Dawkins, R. (1994): Das egoistische Gen. Spektrum Akademischer Verlag, Heidelberg-Berlin-Oxford.

Eibl-Eibesfeldt, I. (1984): Krieg und Frieden aus der Sicht der Verhaltensforschung. Piper, München-Zürich.

Einstein, A. (1934 [1970]): Mein Weltbild. Ullstein, Frankfurt/M.-Berlin.

Farrington, K. (1998): Geschichte der Folter und Todesstrafe. Die dunkle Seite der Justiz. Bechtermünz Verlag, Augsburg.

Feyerabend, P. (1980): Erkenntnis für freie Menschen. Suhrkamp, Frankfurt/M.

Feyerabend, P. (1995): Zeitverschwendung. Suhrkamp, Frankfurt/M.

Frederick, R. E. (Hrsg., 2002): A Companion to Business Ethics. Blackwell Publishers, Oxford.

Fritze, L. (2003): Die Moral der Täter. Über moralische Selbstlegitimierung in der Weltanschauungsdiktatur. *Aufklärung und Kritik* 10 (2), 116-141.

Geiger, G. (1992): Why There Are No Objective Values: A Critique of Ethical Intuitionism from an Evolutionary Point of View.

Biology & Philosophy 7, 315-330.

Hass, H. (1999): Der Hai im Management. Instinktverhalten erkennen und kontrollieren. Wirtschaftsverlag Langen Müller/ Herbig, München.

Hoerster, N. (1998): Sterbehilfe im säkularen Staat. Suhrkamp, Frankfurt/M.

Hoerster, N. (2009): Worauf basieren unsere Grundwerte? *Aufklärung und Kritik* 16 (1), 54-64.

Höffe, O. (Hrsg., 1997): Lexikon der Ethik. Beck, München.

Hudson, W. D. (1970): Modern Moral Philosophy. Macmillan, London.

Junker, T. und Paul, S. (2009): Der Darwin-Code. Die Evolution erklärt unser Leben. Beck, München.

Kanitscheider, B. (Hrsg., 2000): Drogenkonsum – bekämpfen oder freigeben? Hirzel, Stuttgart-Leipzig.

Kanitscheider, B. (2000): Skepsis, Dogmatismus und Aufklärung. Aufklärung und Kritik 7 (1), 5-15.

Kanitscheider, B. (2007): Die Materie und ihre Schatten. Naturalistische Wissenschaftsphilosophie. Alibri, Aschaffenburg.

Kant, I. (1783 [1968]): Beantwortung der Frage: Was ist

Aufklärung? In: Werke in 10 Bänden. Band 9. Wissenschaftliche Buchgesellschaft, Darmstadt.

Kant, (1788 [1968]): Kritik der praktischen Vernunft. In: Werke in 10 Bänden. Band 6. Wissenschaftliche Buchgesellschaft, Darmstadt.

Kropotkin, P. (1910): Gegenseitige Hilfe in der Tier- und Menschenwelt. Thomas, Leipzig.

Liessmann, K. P. (Hrsg., 2006): Der Wert des Menschen. An den Grenzen des Humanen. Zsolnay, Wien.

Lorenz, K. (1974): Das wirklich Böse. Involutionstendenzen in der modernen

Kultur. In: Schatz, O. (Hrsg.): Was wird aus dem Menschen? Styria, Graz-Wien-Köln, 287-305.

Mackie, J. L. (1981): Ethik. Auf der Suche nach dem Richtigen und Falschen. Reclam, Stuttgart.

Maclean, A. (1993): The Elimination of Morality. Routledge, London-New York.

Masters, R. D. (1988): Evolutionsbiologie, menschliche Natur und politische Philosophie. In: Meier, H. (Hrsg.): Die Herausforderung der Evolutionsbiologie. Piper, München-Zürich, 251-289.

Mohr, H. (1987): Natur und Moral. Ethik in der Biologie.

Wissenschaftliche Buchgesellschaft, Darmstadt.

Mynarek, H. (1998): Gedanken zur Logik der Macht. *Aufklärung*

und Kritik 5 (1), 27-33.

Neumann, D., Schöppe, A. und Treml, A. K. (Hrsg., 1999): Die

Natur der Moral. Evolutionäre Ethik und Erziehung.

Hirzel, Stuttgart-Leipzig.

Nietzsche, F. (1887 [1983]): Zur Genealogie der Moral. In: Werke in

vier Bänden. Band 4. Caesar, Salzburg.

Nuttall, J. (1993): Moral Questions. An Introduction to Ethics.

Polity Press, Cambridge.

Oeser, E. (1988): Das Abenteuer der kollektiven Vernunft.

Evolution und Involution der Wissenschaft. Parey, Berlin-

Hamburg.

Ortega y Gasset, J. (1929 [1958]): Der Aufstand der Massen. In:

Ortega y Gasset, J.: Signale unserer Zeit. Europäischer

Buchklub, Stuttgart-Salzburg (S. 151-304).

Orwell, G. (1949 [1983]): 1984. Ullstein, Frankfurt/M.-Berlin-Wien.

Pieper, A. (1997): Gut und Böse. Beck, München.

Reynolds, V., Falgar, V. S. E. und Vine, I. (Hrsg., 1987): The

Sociobiology of Ethnocentrism. Evolutionary Dimensions

of Xenophobia, Discrimination,Racism and Nationalism. The University of Georgia Press, Athens.

Ridley, M. (1997): The Origins of Virtue. Penguin Books, London-New York.

Riedl, R. (2004): Meine Sicht der Welt. Seifert, Wien.

Roth, G. (2003): Aus Sicht des Gehirns. Suhrkamp, Frankfurt/M.

Russell, B. (1976): Unpopular Essays. Allen & Unwin, London.

Schmidt-Salomon, M. (2002): Anatomie des erhobenen Zeigefingers oder: Wie man Gott entschuldigt und die Menschen an sich bindet. *Aufklärung und Kritik* 9 (1), 137-147.

Schmidt-Salomon, M. (2006): Manifest des evolutionären Humanismus. Plädoyer für eine zeitgemäße Leitkultur. Alibri, Aschaffenburg.

Schmidt-Salomon, M. (2009): Jenseits von Gut und Böse. Warum wir ohne Moral die besseren Menschen sind. Pendo, München-Zürich.

Schopenhauer, A. (1987): Schriften zur Moral und zum richtigen Leben. Auswahl. Haffmans, Zürich.

Schuppert, G. F. (2002): Gemeinwohl – ein schwieriger Begriff. *Universitas* 57, 910-927.

Sommer, V. (1994): Lob der Lüge. Täuschung und Selbstbetrug bei Tier und Mensch. Deutscher Taschenbuch Verlag, München.

Sommer, V. (2000): Von Menschen und anderen Tieren. Essays zur Evolutionsbiologie. Hirzel, Stuttgart-Leipzig.

Stäblein, R. (Hrsg., 1993): Moral. Erkundungen über einen strapazierten Begriff. Wissenschaftliche Buchgesellschaft, Darmstadt.

Strasser, J. (2003): Mit der Lüge leben. *Universitas* 58, 691-701.

Szczesny, G. (1971): Das sogenannte Gute. Vom Unvermögen der Ideologen. Rowohlt, Reinbek.

Topitsch, E. (1979): Erkenntnis und Illusion. Grundstruk-turen unserer Weltauffassung. Hoffmann und Campe, Hamburg.

Troidl, H. (2003): Täuschen und Tarnen. Zur Wahrhaftigkeit in Wissenschaft und Forschung. *Minimal Invasive Chirurgie (Supplement 1)*, 1-33.

Uhl, M. und Voland, E. (2002): Angeber haben mehr vom Leben. Spektrum Akademischer Verlag, Heidelberg-Berlin.

Vaas, R. (2010): »Werde, der du bist!« – Unterwegs zu sich selbst. Teil II: Masse, Macht und Authentizität. *Universitas* 65,

593-611.

Verbeek, B. (2004): Die Wurzeln der Kriege. Zur Evolution ethnischer und religiöser Konflikte. Hirzel, Stuttgart-Leipzig.

Vogel, Ch. (1989): Von Töten zum Mord. Das wirklich Böse in der Evolutionsgeschichte. Hanser, München.

Voland, E. (1996): Konkurrenz in Evolution und Geschichte. *Ethik und Sozialwissenschaften* 7, 93-107.

Voland, E. (2007): Die Natur des Menschen. Grundkurs Soziobiologie. Beck, München.

Waal, F. de (1997): Der gute Affe. Der Ursprung von Recht und Unrecht bei Menschen und anderen Tieren. Deutscher Taschenbuch Verlag, München.

Waal, F. de (2008): Primaten und Philosophen. Wie die Evolution die Moral hervorbrachte. Hanser, München.

Watson, L. (1997): Die Nachtseite des Lebens. Eine Naturgeschichte des Bösen. S. Fischer, Frankfurt/M.

Wickler, W. (1991): Die Biologie der Zehn Gebote. Warum die Natur für uns kein Vorbild ist. Piper, München-Zürich.

Windelband, W. (1907): Präludien. Aufsätze und Reden zur Einleitung in die Philosophie. Mohr, Tübingen.

Wolf, J.-C. (2002): Das Böse als ethische Kategorie. Passagen Verlag, Wien.

Wolf, J.-C. (2004): Ethischer Egoismus. Erwägen, Wissen, *Ethik* 15, 513-519.

Wolf, J.-C. (2007): Egoismus und Moral. Academic Press, Fribourg.

Wuketits, F. M. (1993): Verdammt zur Unmoral? Zur Naturgeschichte von Gut und Böse. Piper, München-Zürich.

Wuketits, F. M. (1993): Moral Systems as Evolutionary Systems: Taking Evolutionary Ethics Seriously. Journal of Social and Evolutionary Systems 16, 251-271.

Wuketits, F. M. (1997): »Wie du mir, so ich dir.« Zur Evolution von Egoismus und Hilfsbereitschaft. *Universitas* 52, 1092-1102.

Wuketits, F. M. (1999): Warum uns das Böse fasziniert. Die Natur des Bösen und die Illusionen der Moral. Hirzel, Stuttgart-Leipzig.

Wuketits, F. M. (2006): Bioethik. Eine kritische Einführung. Beck, München.

Wuketits, F. M. (2007): Der freie Wille. Die Evolution einer Illusion. Hirzel, Stuttgart.

Wuketits, F. M. (2008): Wie viel Moral verträgt die Arbeitswelt? *Psychologie heute* 35 (2), 77-79.

Wuketits, F. M. (2008): Lob der Feigheit. Hirzel, Stuttgart.

Wuketits, F. M. (2009): Evolution ohne Fortschritt. Aufstieg oder Niedergang in Natur und Gesellschaft. Alibri, Aschaffenburg.

Wuketits, F. M. (2009): Darwins Kosmos. Sinnvolles Leben in einer sinnlosen Welt. Alibri, Aschaffenburg.

Wuketits, M. und Wuketits, F. M. (2001): Humanität zwischen Hoffnung und Illusion. Warum uns die Evolution einen Strich durch die Rechnung macht. Kreuz, Stuttgart.

인간과시각 02

도덕의 두 얼굴
인간은 얼마나 많은 도덕을 감당할 수 있는가?

1판 1쇄 발행 2013년 7월 20일
1판 2쇄 발행 2013년 11월 30일

지은이 프란츠 M. 부케티츠
옮긴이 김성돈

펴낸곳 사람의무늬 · 성균관대학교 출판부
110-745 서울특별시 종로구 성균관로 25-2
등록 1975년 5월 21일 제1975-9호
전화 02)760-1252~4 팩스 02)762-7452
http://press.skku.edu

ISBN 978-89-7986-988-0 03110

잘못된 책은 구입한 곳에서 교환해 드립니다.
값은 뒤표지에 있습니다.

사람의무늬는 성균관대학교 출판부의 인문 · 교양 · 대중 지향 브랜드의 새 이름입니다.